2025
미래교육
대 전 환

입시교육의 붕괴와 고교학점제, 특별한 교육만 살아남는다

2025 미래교육 대전환

김보배 지음

프롤로그

온라인으로 열린
세계적 기회의 문

가능성이 무한한 온라인 교육, 변화는 이미 시작되었다

저는 10여 년 동안 교육계에 몸담으며 정부 산하 교육정보 공공기관에서 대학과 초중등 분야의 미래 교육에 대해 연구해왔습니다. 좀 더 구체적으로 이야기하면, 전 세계 유수 대학들이 온라인 플랫폼에 강의를 공개하는 강의 공개 서비스를 분석하고, 다른 국가들이 교육을 어떻게 정보화하는지 조사하고 분석했습니다. 그리고 우리나라 초중등 교육에 사용할 디지털교과서와 사이버학습 콘텐츠를 기획, 개발하는 일에 참여했습니다. 많은 연구자들이 기술의 발달로 교육 분야가 획기적으로 변화할 것이라 예측했지만, 미디어나 유통 등 다른 산업에 비해 변화 속도가 더딘 것을 보면서 '교육이 변하는 건 쉽지 않겠다'고 생각하고 있었습니다.

하지만 지난 2020년, 코로나19로 인해 교육에 급격한 지각변동이 일어났습니다. 갑작스럽긴 했지만 사실은 국가적으로 이미 오래전부터 미래 교육의 방향을 계획하고 있었고, e학습터, 디지털교과서 등이 기술적으로도 준비되어 있었기에 빠른 대응이 가능했습니다. 온라인 원격 수업이 시행된 것입니다.

물론 원격 수업 도입 초기에는 불편함도 있었습니다. 온라인 교육의 활용 능력에 따라 학습 격차가 벌어지기도 하고, 이 때문에 사교육 시장에서 제공하는 온라인 교육 서비스에 수요가 급격히 몰리기도 했습니다. 학교, 학원, 부모와 학생들은 큰 혼란을 겪긴 했지만 점차 이 상황에 적응해나갔습니다. 또한 시력과 뇌 발달 저하 등을 이유로 온라인 학습을 반대하던 부모들도 좋든 싫든 온라인 학습을 시킬 수밖에 없게 되었습니다.

이와 같은 급격한 변화는 온라인 학습을 많은 사람들이 한날 한시에 경험하게 되었다는 장점이 되기도 했지만, 오해를 만들기도 했습니다. 오프라인에서 하던 교육을 온라인으로 단순히 옮긴 것이 우리 교육의 미래라고 여기는 분들도 있습니다. 하지만 단지 오프라인 학습을 온라인으로 바꾸어놓은 것이 미래 교육의 진정한 방향은 아닙니다. 오프라인 학습을 온라인으로 옮겨다 놓는다면 이는 인터넷 강의 이상도 이하도 아닙니다. 지금 전 세계가 준비하고 있고, 이미 시작된 미래의 학습은 우리가 생각하던 기존의 학습에 대한 개념을 뒤집는 매우 큰 변화를 불러올 것입니다. 오프라인 학습을 온라인으로 단순 이동한 것만으로도 아이들의 공부법과 공부 환경의 많은 부분이 변화됐습니다. 하지만 앞으로 이 변화는 더 가속되고 확장될 것입니다. 온라인 학습을 아이의 미래를 위해 똑똑하게 활용하기 위해서는 부모와 선생님들이 미래 교육의 방향성과 변화에 대해 제대로 알아야 합니다.

고교학점제, 진로 적성에 대한 발견과 선택이 핵심

특히 2022년 개정 교육과정은 학생 한 명, 한 명에 맞춰 맞춤형 교육을 지원하고자 하며, 온라인 학습과 관련한 커다란 변화를 시사하고 있습니다. 교육 현장과 학부모 모두의 이목을 끄는 변화는 2025년부터 시행되는 고교학점제입니다. 2022년 현재 초등학생이라면 모두 이 제도의 영향을 받습니다. 고교학점제란 대학에서 각자 수업을 선택하고 정해진 학점과 조건을 충족하면 졸업하는 것처럼 고등학생들도 진로 적성에 따라 과목을 선택해 공부하는 제도입니다.

고교학점제는 우리 아이들에게 어떤 변화를 불러올까요? 우선 중학교를 졸업할 시점에는 자신의 강점과 관심사를 바탕으로 앞으로 어떤 일을 하고 싶은지, 어떤 과목을 공부하는 게 좋을지 자기만의 교육과정을 설계해야 합니다. 이를 위해 중학교 자유학기제를 활용해 부모와 교사와 소통하며 다양한 진로 진학 방향을 탐색해야 고등학교 과정에서 과목 선택과 교육과정 설계에 유리합니다.

그렇다면 국어, 영어, 수학 같은 예전부터 중시되는 과목들은 고등학교 때 공부할 필요가 없어질까요? 국어, 영어, 수학 과목은 모든 학생들이 수강해야 할 공통과목입니다. 일부 전문가들은 국어, 수학, 영어 과목은 모두가 수강하기 때문에 여기에서 변별력이 발생하므로 대학 진학이라는 관점에서 살펴본다면 오히려 예전보다 더 중요해질 수 있다고 이야기하기도 합니다. 어떤 진로를 선택하든 국어, 영어, 수학 같은 공통 과목은 모든 학습의 기초가 된다는 점에서 중요합니다.

꿈을 일찍 찾은 아이들은 국어, 영어, 수학을 공부하는 시간 외에는 자신의 관심사를 깊이 공부할 수 있는 기회가 활짝 열리는 경험을 하게 될 것입니다. 그러나 누구나 따라야 하는 공통의 학습 로드맵이 사라진다는 것은, 미래 방향성을 제대로 잡지 못하면 학습 격차가 벌어질 수 있다는 것을 의미하기도 합니다.

그렇기 때문에 교육의 대전환이 일어나고 있다고 봅니다. 어른들이 전통적인 교육의 틀에서 벗어나 더 일찌감치 아이들의 흥미와 관심사를 관찰하고 강점과 잠재력을 발견하여 다양한 분야의 공부를 선택하고 지원해야 합니다. 앞으로 인공지능(딥 러닝 기술)과 공존할 아이들의 핵심 역량을 기르기 위해서 온라인 학습을 어떻게 활용할지 로드맵도 세워야 합니다. 교사와 부모의 역할이 새롭게 규정되어야 합니다.

온라인 교육, 공부의 추월차선 vs. 공부의 이탈로

온라인 학습은 고급 교육을 접하지 못하던 낙후된 지역의 아이들을 공부의 추월차선에 올라타게 만들기도 합니다. 친구에게 게임을 선물하기 위해 코딩을 독학했던 한 학생이 애플 사의 장학생이 되기도 하고, 몽골 어느 시골 마을에서 인터넷으로 강의를 듣던 아이가 미국에 있는 교수의 추천을 받아 메사추세츠공과대학교MIT에 입학하기도 했습니다. 이미 현재 지구 곳곳에서 벌어지고 있는 일입니다. 이처럼 온라인 학습은 공간이나 지역의 제약을 받지 않고 아주 낮은 수준부터 전문가 수준까지 맞춤형 학습을 가능케 합니다.

온라인을 활용한 새로운 경로로 자신의 흥미와 관심사에 따라 학습을 하는 아이들의 사례가 늘고 있습니다. 온라인에는 접하지 못할 분야가 없기 때문입니다. 언뜻 보기에는 웹서핑처럼 보여도, 아이는 이미 관심 분야를 자유자재로 탐색하며 끊임없이 질문하고 도전하고 탐구하며 공부를 즐기고 있는 걸지도 모릅니다.

물론 온라인 학습이 성공으로 가는 패스트트랙은 아닙니다. 많은 연구자들이 걱정하다시피 온라인에는 불량식품처럼 우리를 나쁜 쪽으로 빠져들게 만드는 해로운 서비스들이 많습니다. 온라인 세계를 단순히 삶에서 받은 스트레스를 풀기 위한 오락용으로 소비하기도 합니다. 온라인 서비스들이 활용하는 심리적 알고리즘은 누구든 중독되기 쉽게 구성되어 있습니다. 어른조차 한번 빠지면 헤어나오기가 쉽지 않습니다.

온라인에서 원하는 대로 학습하기 위해서는 컴퓨터나 스마트 기기를 켜기 전에 스스로에게 어떤 게 필요하고 무엇을 학습할 것인지 자각이 있어야 하고 동기도 확실해야 합니다. 그렇지 않으면 온갖 달콤한 유혹이 가득한 웹에서 아이의 학습은 길을 잃고 말 것입니다.

이 때문에 자기조절을 할 수 없는 어린 나이에 무턱대고 온라인 기기를 쥐어주는 것은 꽤 위험합니다. 온라인 학습을 시작하기 전에 반드시 이에 대한 이해가 필요합니다. 온라인 학습을 제대로 이해하고, 아이의 눈높이에서 아이의 재능과 관심사에 공감한다면 온라인 학습의 많은 이점을 누릴 수 있습니다.

아이 교육, 어떻게 똑똑하게 준비시킬 것인가

이 책은 미래 교육에 대한 정답을 제시하지는 않습니다. 어느 누구도 정답을 알 수는 없을 겁니다. 다만 여러분들께서 어렴풋이 생각해본 다양한 가능성들을 그간의 연구 결과들과 사례를 토대로 좀 더 명확하게 보여드릴 것입니다. 최근 활발하게 이루어지는 온라인상에서의 공부를 어떻게 바라보아야 하는지 미래 교육의 관점에서 이야기해보려고 합니다.

또한 미래를 살아갈 우리 아이들에게 필요한 핵심 역량과 공부의 방향성 그리고 적용 방안을 제안합니다. 온라인에 공개된 무수한 디지털 자원들을 어떻게 바라보고 활용하느냐에 따라서 공부의 효과는 완전히 달라질 수 있습니다. 온라인 학습을 이해하고 아이들에게 활용할 만한 교육 기술을 검토해보는 과정이 아이의 학습 진도를 체크하는 것보다 훨씬 중요해질 것입니다.

온라인 학습을 폭넓게 보여드립니다. 세계 곳곳에서 이뤄지고 있는 교육 대변혁과 학교에서 주도하는 원격 교육의 방향, 사교육 시장에서 제공되는 온라인 학습 플랫폼의 특장점, 국내외의 다양한 무료 온라인 학습 서비스, 더 나아가 학습용은 아니지만 유익하게 활용할 수 있는 각종 온라인 서비스를 포괄합니다.

공부에 대한 생각도 돌아봅니다. 최근 교과의 경계를 허물고 주제 중심의 문제 해결 학습이나 프로젝트 학습, 현상기반 학습 등이 주목받고 있습니다. 미래 교육의 방향 중 하나로서, 아이들이 실제 경험하고 관찰하는 '현상'에서 질문을 발견하고 직접 의견을 말하며 문제를 해결해나가는 '협력적 문제 해결 능력'을 다룹니다.

이 책을 통해 소중한 아이들의 미래, 교육의 청사진을 발견하시기를 기대해봅니다. 그간 제 강의를 들은 많은 분들의 첫 번째 반응은 '안도'

였습니다. 이미 시작된 변화 속에서 제한해야 할 것과 더 깊이 알아가야 할 것들을 확인하고 안도하시기를 바랍니다. 그리고 아이들이 '왜 공부를 해야 하는지' 스스로 깨닫게 이끄실 수 있기를 바랍니다. 아이가 진심으로 공부하고 싶은 분야를 찾고, 온라인의 다양한 고급 리소스를 활용해 스스로 학습을 하는 등 배움에서 즐거움을 발견하는 어른으로 성장하기를 기대해봅니다.

김보배

차례

 교육 패러다임, 대변혁이 시작되다

CHAPTER

1

대학은 더 이상 공부의 종착지가 아니다

PART 2 온라인 학습과 새로운 성공 공식

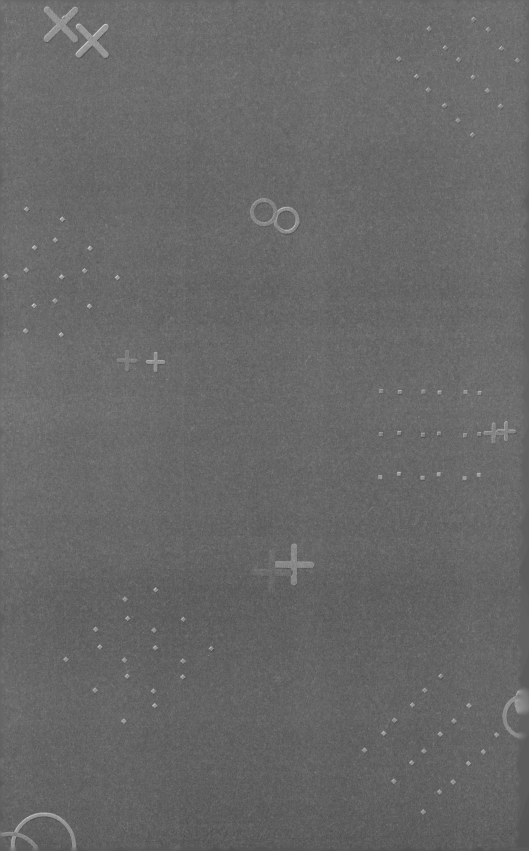

PART

1

교육 패러다임, 대변혁이 시작되다

CHAPTER

1

대학은 더 이상
공부의 종착지가 아니다

"변화가 시작되는 건 알겠는데, 그래서 아이를 어떻게 교육시켜야 하는가?" 어떤 이들은 앞으로 코딩 교육이 중요하다고 하고, 또 다른 이들은 인공지능 교육이 중요하다고 이야기합니다. 반면에 다른 사람들은 미래 사회에는 굳이 이런 교육들조차도 중요하지 않다고도 말합니다. 또 다른 사람들은 온라인이 아이들의 건강과 뇌를 망치기 때문에 노출 시간을 최소화해야 한다고 주장합니다. 사정이 이렇다 보니 당장 아이를 어떻게 가르쳐야 할지 물음표가 생깁니다.

'좋은 대학 보내기'가 아이 공부의 궁극적인 목적일까요? 아이가 커서 자기가 좋아하는 일을 하면서 즐거움을 느끼는 게 공부의 목표 아닐까요? 사실 어른들 입장에서는 이를 알면서도 여러 가지 걱정들이 드는 게 사실입니다. 대학이 전부는 아닌 걸 알지만 딱히 대안을 몰라 대학 입시를 목적지로 삼습니다. 어떻게 교육을 시켜야 아이의 미래에 도움이 될까요?

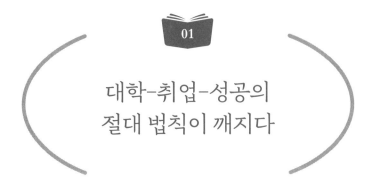

01

대학-취업-성공의
절대 법칙이 깨지다

대한민국 입시 교육 이대로 괜찮은가

/

"중학교 때 이미 고등학교 교과과정은 한 바퀴 돌리죠."

많은 부모들의 이상, 아이가 하고 싶은 일을 하며 행복하게 살았으면 하는 꿈과는 달리, 여전히 대한민국에서 입시 경쟁은 치열합니다. 부모들은 과도한 입시 교육의 현실을 한탄하면서도, 후회하기 전에 우리 아이에게도 조기교육과 선행 학습을 시켜야겠다고 결론을 내립니다. 남보다 늦게 시작해서 학교에서 낮은 성적을 받는 순간 아이가 좌절해서 다시 일어서지 못할 것 같다는 불안 때문이에요. 조기교육과 선행 학습으로 아이가 학습 스트레스를 받을지언정 부모가 공부를 시키지 않았다는 원망은 하지 않을 거라고 합리화합니다.

현재 유명 학군지에서 학교나 학원을 다니는 많은 아이들이 조기교육과 선행 학습으로 초등학생 때부터 대입 준비라는 출발선에 서 있습니다. 학교 교육과정에 맞춰 학습하고 있는 아이들과는 출발선 자체가 다르죠. 이곳 아이들은 중학교부터 계급의식을 느낍니다. 아무리 서로 친해도 성적에 따라 다른 길을 걸어가리라는 걸 일찌감치 깨닫습니다. 아이들은 서로가 서로에게 경쟁자입니다.

성적만 중요한 게 아닙니다. 내신이나 수능 점수가 아무리 좋아도 대학 입학을 위한 전형 정보가 부족하면 입시에서 매우 불리합니다. 조금이라도 빨리 정보를 얻기 위해 부모들은 늘 교육 컨설팅, 관련 강연 등에 촉을 곤두세우고 있습니다. 옆집 또래 아이는 무엇을 준비하는지 늘 궁금해하고, 서울대에 진학한 아이의 진학 노하우를 알고 싶어 줄을 섭니다.

한 연구에 따르면, 상위권 대학 입학 여부는 부모의 소득 수준과 밀접한 관련이 있다고 합니다. 수학이나 영어처럼 조기교육과 선행 학습에 따라 성적 차이가 뚜렷한 과목의 경우는 특히 부모의 경제력이 크게 작용합니다.

'건강한 게 최고지'라던 처음 부모가 됐을 때 마음은 오간 데 없어집니다. 초등학교에 입학하기 전부터 영어와 수학, 읽기와 쓰기 등에 조기교육이 필요하다고 결론 짓고, 아이들을 만 3세, 즉 36개월이 지나는 나이부터 사교육 시장에 내보내 공부를 시키기 시작합니다. 교육의 지옥행 열차에 탑승하는 것입니다.

지금 아이들에게 대학이 얼마나 중요할까?

/

이렇게 교육이 각박해진 데는 극심한 취업난과 경제적 양극화 등 어른들이 만든 사회의 영향이 큽니다. 불안한 부모들은 더욱 대학 입시에 목을 매고, 아이를 적게 낳아 더 투자하고, 끊임없이 성적을 관리하는 등 아이의 교육 수준을 높이는 데 혈안이 됩니다. 학군지에는 심리 상담 센터와 학원이 엮여 있는 곳도 흔하다고 합니다. 공부에 힘든 아이들을 부모가 다독여주기보다 전문 상담가에게 맡겨 시간 효율과 정확도를 높이는 것입니다. 빡빡한 공부 시간 때문에 부모는 아이가 어떤 생각을 하고 어떤 감정을 느끼며 어떤 꿈을 꾸는지 생각해볼 여유조차 쉽게 허락하지 못합니다.

사실 교육에 몸 담고 있는 사람들은 '아이들 각각 다른 잠재력을 가지고 있으며, 이를 잘 개발해주는 교육이 필요'하다는 것을 알고 있습니다. 그것이 진정한 아이를 위한 교육이고, 또 부모가 원하는 학업 성취도를 높이는 데도 긍정적인 영향을 미친다는 것도 압니다. 그럼에도 학부모들이 원하는 것을 제공하게 되는 이유는, 우선 부모들이 원하는 입시 교육은 오랜 시간에 걸쳐 확실하게 검증된 성공 과정이기 때문입니다. 한편으로 여러 아이를 가르치는 교육자가 아이 각각의 진로를 판단하고 그에 맞는 교육과정을 제시하기가 현실적으로 어렵기 때문입니다.

한 가지 물음표가 남습니다. 우리 아이들은 어떤 목적으로, 무엇을 위해 대학에 가며, 앞으로 대학은 아이들 인생에 얼마나 큰 영향을 끼칠까요? 이 질문에 대답해야만 교육의 내비게이션을 재설정할 수 있습니다. 여전히 대학이 앞으로 삶의 성공 여부를 가르는 유일한 발판인지 점검한다면 현재의 교육 방식을 재고해볼 수 있습니다.

대학-취업-성공 법칙은 얼마나 유효한가

오랫동안 '대학 졸업장'은 가장 검증된 성공의 조건이었습니다. 과거 인재 채용에 가장 중요한 척도는 '어느 대학을 나왔는가'였습니다. 명문 대학을 졸업하면 어느 정도 사회에서 실력을 인정받고 취업도 쉬운 편이었습니다. 명문 대학은 학교 자체가 취업을 돕기도 하지만, 대학 졸업생들의 커뮤니티가 더 큰 영향력을 발휘했습니다. 이른바 '학연'에 따라 알음알음 취업이 연결되기도 했습니다.

과거에 학연이 회사 직원 채용에 중요한 영향을 미쳤던 이유는 개인에게 특출한 창의력이나 비판적인 사고 능력을 요하지 않았기 때문입니다. 성실하고 일정 수준 이상의 판단력과 성실성, 업무 수행력만 있어도 할 수 있는 일들이 충분했기 때문에 좋은 대학을 나오고 인성만 좋다면 채용해도 별 무리 없이 일을 해냈습니다. 이 때문에 모든 교육의 목적이 대학 입시에 맞추어 있었다고 해도 과언이 아닐 정도였습니다.

그런데 최근에는 대학 진학과 취업, 성공의 견고한 고리가 느슨해지고 있습니다. 대학 졸업이 취업으로 이어지지 않는 경우도 너무 많습니다. 대학에 입학해서도 더 치열하게 공부해야 합니다.

청년들이 생각하는 '성공'에 대한 의미도 달라졌습니다. 대기업에 취업을 했다고 성공했다고 생각하지 않습니다. 일부는 대학 진학을 하지 않고, 또는 대학 졸업 후에도 취업 대신 창업으로 사회에 문을 두드립니다. 개인이 온라인에 영향력을 발휘해 업으로 연결하는가 하면, 취미로 공부하던 일에서 인정을 받아 본업으로 전향하기도 합니다. 자신만의 업을 찾아가는 다양한 경로들이 생겨나고 있습니다.

한편 기업들도 대학 간판만 보고 사람을 뽑지 않습니다. 학력을 비롯한 개인 정보를 가리고 채용하는 블라인드 채용이 확대되고 있습니다. 대학 졸업과 정해진 스펙 쌓기에서 벗어난 인재 채용에도 적극적입니다. 사회가 단순히 성실하고 공부를 많이 한 인재가 아닌, 몸으로 부딪치고 문제를 해결해본, 경험을 겸비한 '진짜 실력'을 원하는 것입니다. 이는 대학이라는 교육기관이 여러 성공 공식 가운데 하나의 선택지일 뿐이라는 사실을 보여줍니다. 지금 얼마나 다양한 경로로 새로운 성공 공식이 발생하고 있는지 살펴보겠습니다.

구글이 인재를 채용하는 방법

/

수년 전부터 해외 기업에서는 인재 채용에서 대학 졸업장을 보지 않기 시작했습니다. 구글이나 애플 등을 필두로 4차 산업혁명을 대표하는 IT 계열 회사들이 대학 졸업장을 채용의 기준으로 삼지 않습니다. 심지어는 2019년 기준 애플에 채용된 인재들 가운데 50퍼센트는 대학을 졸업하지 않았다고 합니다. 구글이나 페이스북, IBM 등은 실력만 갖춘 인재라면 수시로 채용해왔습니다. 이제는 이처럼 실력을 중심으로 채용하는 관행이 IT 업계를 넘어서 다른 기업으로까지 번져나가기 시작했습니다.

구글이 처음부터 대학 졸업장을 보지 않았던 것은 아닙니다. 초기 구글의 인재 채용에 새로운 방식을 도입한 구글 인사부의 토드 칼라일은 졸업 후 3년이 지나면 시험 성적은 무용지물이 된다는 사실을 발견했습니다. 모든 영역에서 중요한 지표가 되는 단 하나의 변수는 없으며, 일의 성격에 따라 다양한 변수들이 고려되어야 한다는 점도 발견했습니다. 이 때문에 팀장들에게 필요한 팀원의 상을 더욱 구체적으로 그리고, 인재들의 어떤 정보에 주목해야 할지 판단하는 데 큰 힘을 기울였다고 합니다. 창의적이고 탁월한 인재를 채용하는 것이 기업의 미래를 결정짓는 중요한 문제라는 점을 인지하고, 단순히 대학 이름이나 졸업 점수가 아니라, 전문화된 영역에서 필요로 하는 역량을 분명히 하고, 거기에 걸맞은 인재를 매칭하려 노력하는 새로운 인재 영입 방식을 채택했습니다.*

우리나라 역시 이와 같은 채용 방식이 정착하는 중입니다. 이미 공공 부문은 블라인드 채용이 의무화되었습니다. 대학 졸업장 대신 국가직무수행표준을 활용합니다. 여기에는 각각의 업무에 따라 갖추어야 하는 경험과 역량이 정확하게 기술되어 있고, 관련 자격증 보유 여부 등이 점수에 반영됩니다. 아직 도입 초기라 보완해야 할 부분들도 있지만 국가직무수행표준은 자격과 능력을 기반으로 인재를 채용하는 데 매우 효과적인 새로운 도구입니다.

일각에서는 학력 평가처럼 수능 제도를 단순화하고 줄을 세워 취업의 권한을 주는 것이 평등이라고 말합니다. 과연 이를 평등이라 말할 수 있을지 모르겠습니다. 모두가 같은 신체적, 환경적 조건하에 태어나는 것도 아니고, 학력이 그 사람의 모든 역량을 대변해주지도 않으니까요. 그보다는 개개인의 재능과 능력, 역량을 탁월하게 발휘할 수 있도록 인재 수요와 공급을 매칭하는 그물형 채용이 진흙 속에 숨은 인재를 찾아내는 방법입니다. 게다가 자신의 성향에 맞는 일을 업으로 삼는 것은 개인의 행복뿐 아니라 사회의 이익과도 직결됩니다.

---

* 토드 로즈, 정미나 옮김, 《평균의 종말》, 21세기북스, 2021, 140쪽.

경험과 실력 위주의 블라인드 채용의 확장

/

비단 외국만의 일이 아닙니다. 한국의 대표적인 4차 산업혁명 기업인 카카오에는 인재를 채용하는 다섯 가지 기준이 있습니다. 카카오는 함께 일하는 이들을 '카카오크루'라고 부르며 개인의 실력과 가치관을 중심에 두고 채용합니다. 첫째, 가보지 않은 길을 두려워하지 않을 것, 둘째, 무엇이든 본질만 남기고 처음부터 다시 생각해볼 것, 셋째 나보다 동료의 생각이 더 옳을 수 있다고 믿을 것, 넷째, 스스로 몰입하고 주도적으로 일할 것, 다섯째, 세상을 선하게 바꾸려고 노력할 것. 즉 학력이나 평균에 커트라인을 두는 것이 아니라, 본질에 대해 질문하고, 문제를 재정의하며, 타인과 함께 협력하고, 문제를 해결할 수 있는지가 관건입니다. (이는 앞으로 찬찬히 살펴보겠지만, 교육 분야에서 이야기하는 미래 인재의 핵심 역량과 굉장히 유사합니다.)

이 기업에서 인재를 뽑는 방식은 크게 세 단계로 이루어집니다. 먼저 코딩 실력을 측정합니다. 코딩 테스트는 온라인 코딩 문제풀이 플랫폼으로 알려진 '해커랭크'로 준비할 수 있습니다. 그다음으로 원하는 시간대에 원격 인터뷰를 진행합니다. 원격 인터뷰를 통과한 사람을 대상으로 1, 2차 대면 인터뷰를 봅니다. 인터뷰에 참여했던 한 사람은, 자신에 대해 정말 궁금해하는 것 같은 인터뷰였다고 말했습니다. 틀에 짜인 질문이 아니라 지원자의 대답에 따라 꼬리에 꼬리를 무는 형식으로 이루어지기 때문입니다. 미리 정해놓은 질문에 일방적으로 대답하는 방식이 아니라, 지금껏 해왔던 프로젝트를 중심으로 심층적으로 대화를 나누는 것입니다.

기존 프로젝트의 문제 해결 방식이나, 특정 기술을 접목한 경험을 묻기도 하고, 그 기술을 실제 적용했을 때의 장점에 대해서도 묻습니다. 그 외 정답이 없는 질문도 합니다. 자신이 어떤 사람인지, 어떤 것을 궁금해하며 어떤 책을 좋아하는지, 왜 이런 일들을 했는지 등에 대해 대화를 나누기도 합니다. 한 지원자는 자신이 진행했던 프로젝트를 완벽히 이해하는 것이 중요하다고 말했습니다. 그저 겉핥기 방식으로 프로세스를 아는 것이 아니라, 기술이 완벽하게 체화되어 왜 그런 의사 결정을 내렸으며 그 결과 프로젝트가 어떤 점에서 성공 혹은 실패했는지 이해시켜야 한다는 것이었습니다.

이 기업은 단순히 대학을 졸업했는지, 어떤 분야를 전공했는지보다 살면서 어떤 생각으로 어떤 경험을 했으며 그 결과 어떤 역량을 쌓아왔는지 평가하기 위해 노력합니다. 기업이 추구하는 인재상에 걸맞은 새로운 인재인지 살펴보는 것이지요.

스스로를 채용하는 MZ세대 인재들

/

기업이 인재를 채용하는 방식이 변했을 뿐 아니라, 청년들 또한 채용에 대한 인식이 변했습니다. 꼭 회사에 입사해야 한다는 생각이 사라지고 있습니다. 코로나19로 인해 온라인 시장이 급격히 커지면서 새로운 기회를 발견한 청년들은 입사가 아닌 창업을 통해 자신만의 일자리를 만듭니다. 취업 문이 좁아진 탓도 있지만 자신들이 가진 아이디어를 한 살이라도 젊을 때 적극적으로 실험해보고자 합니다. 이런 도전 정신이 세계가 주목하는 기업의 발판이 됩니다.

이들은 참신한 기획 아이디어와 기술적 역량을 적극 홍보하고 외부 투자 자본을 유치해 창업하고 젊은 나이에 성공 가도를 달립니다. 해외 경험이 많은 요즘 젊은이들은 국내 자본뿐 아니라, 해외 자본을 유치해 실리콘밸리로 바로 진출하기도 합니다. 한편으로는 뜻 맞는 대학생들이 학교 강의실에 모여 만든 서비스가 세계적인 투자 회사들이 앞다퉈 투자하는 커다란 플랫폼으로 성장하기도 합니다.

온라인으로 수채화 그리기부터 홈트레이닝, 요리, 재테크, 글쓰기 등 다양한 지식을 배울 수 있는 교육 플랫폼 '클래스101'의 창업자는 1994년생 대학생 고지연 씨입니다. 울산과학기술원UNIST 디자인 및 인간공학부 4학년에 재학 중이던 25세의 고지연 씨는 유니스트 학생 6명과 대학교의 작은 강의실에서 창업 아이디어를 떠올리고 사이트를 오픈했습니다. 클래스101은 바쁜 현대인들이 취미 생활을 쉽게 시도해볼 수 있도록 다양한 강의를 제공합니다. 새로운 취미에 접근하기 쉽도록 강의뿐 아니라 그에 필요한 준비물 키트까지 함께 보내줍니다. 새로운 배움을 통해 다양한 즐거움을 제공한다는 것이 이 플랫폼의 목적입니다.

클래스101은 2018년 3월 본격적으로 서비스를 시작했습니다. 창업한 지 1년 만에 세계적인 투자 회사들로부터 120억 원의 대형 투자를 유치했습니다. 그러다 코로나19로 인해 원격 교육에 대한 수요가 급격히 높아졌고, 자신의 공간과 시간, 새로운 경험을 중시하는 MZ세대의 니즈가 맞아떨어져 클래스101의 이용자 층은 크게 늘고 있습니다.

이외에도 무신사, 에이블리 등 우리가 알 만한 수많은 스타트업이 대학생들에 의해 시작되었습니다. 대기업까지 그 성공 비결을 연구하는 거대 스타트업들이 많아진 것입니다. 대학생들의 창업에는 유연한 사고와 기존과는 다른 새로운 채용 방식 등 다양한 성공 공식이 숨어 있습니다. 작은 창의적인 아이디어와 발 빠른 변화로 성공의 길로 갑니다. 그리고 이렇게 창업에 성공한 젊은 CEO들은 자신들의 경험을 다른 청년들과 적극적으로 나눕니다. 이는 미래의 CEO들에게 영감이자 도전의 밑거름이 됩니다.

아이가 살아갈 세상을 어른은 모른다

앞에서 보듯 최근 성공의 경로가 눈에 띄게 다양해졌습니다. 온라인 세상의 확대는 이를 더욱 가속화시키고 있습니다. 또한 사회적으로 획일화된 기준보다는 자신이 추구하는 가치를 당당하게 드러내고 그걸 이루고 싶어 합니다. 자신이 잘하고 좋아하는 분야에서 자아실현의 꿈을 꾸는 이들이 늘어난 것입니다. 사회 제도 역시 개개인의 다양성을 인정하고 그 안에서 과제와 인재를 매칭하는 데 더 큰 노력을 기울이고 있습니다. 국내외 교육 제도도 점수에 따라 줄을 세우는 획일화된 교육에서 벗어나 다양성과 잠재력을 확장시키는 방향으로 변화하고 있습니다. 자신의 진로와 적성에 따라 다양한 분야의 교육과정을 선택해 공부할 수 있도록 과목 선택권이 확대되고, 지식을 아는 데서 멈추는 것이 아니라 현실에 활용할 수 있도록 경험 기반 학습을 강조합니다. 앞으로 인공지능 기술은 경험이 많고 실력을 갖춘 인재를 발굴하고 기업이나 과제 프로젝트에 매칭하는 데에 커다란 역할을 하게 될 것입니다.

한동안 우리는 '대학 진학'과 '1등', '경쟁'을 모토로 살아왔지만, 이제는 다양한 분야의 1등에게 기회가 돌아갈 것입니다. 그런 사회에서 성공하려면, 스스로 만족하는 성공을 이루려면, 아이는 청소년기부터 진짜 하고 싶은 일을 찾아야 합니다. 그리고 자신만의 공부 또는 도전을 통해 실패하고 부딪치며 자신만의 성공의 길을 만들어가야 합니다. 기성세대의 성공 공식을 무조건 강요할 수 없게 된 것입니다.

MZ세대에게 '성공'의 의미는 기성세대와 다릅니다. 단순히 돈을 많이 버는 것이 아니라, '의미'와 '가치'를 함께 추구합니다. 우리 아이들 역시 '의미'와 '가치'를 좇는 성인으로 자랄 확률이 더 큽니다. 아이의 미래를 어른들 기준에서 보면 안 되는 이유입니다. 어렵게 대기업에 취업하고도 자신의 꿈을 위해 1년 만에 퇴사하거나, 워라밸을 위해 9급 공무원이 되기를 꿈꾸는 MZ세대의 특징을 잘 살펴볼 필요가 있습니다.

앞으로 우리 아이들은 자신에게 의미 있고 가치 있는 일을 좇는 자아실현의 삶을 꿈꾸게 됩니다. 우리의 부모 세대까지만 해도 물질적 궁핍함에 허덕이다 보니 꼬박꼬박 월급이 나오는 안정적인 직업을 갖기를 바라며 자녀를 키웠지만 이제 우리 아이들이 원하는 것은 어른들 세대의 바람을 넘어서고 있습니다. 개인의 행복을 위해 과거를 돌아보며 반성하고, 조금씩 미래를 개선합니다. 저는 이러한 물결이 사회의 안정망이 강화되면서 생기는 긍정적인 변화라고 생각합니다. 우리 사회가 획일화와 경쟁에서 협력과 행복한 삶을 추구하는 쪽으로 조금씩 성장하고 있다는 증거입니다.

'덕후'나 '덕질'이라는 신조어를 들으면 어떤 느낌을 받으시나요? 과거에는 '덕후'를 4차원으로 바라보았죠. 또 부캐릭터를 가지고 있는 사람을 '오지랖이 넓은 사람', '한 우물만 파지 못하고 왔다 갔다 하는 사람' 등 부정적인 시선으로 바라보았습니다. 한계를 긋는 시선이 있었습니다. 이제는 그렇지 않습니다. 변호사가 운동을 해 보디빌더 대회에 나가고, 운동선수가 피규어를 수집해 개인 SNS에 전시합니다. 두 가지 이상의 캐릭터가 한 사람의 정체성이 되고, 그 결과 새로운 업으로 연결되기도 합니다.

이처럼 덕질이 본업이 되고 수익까지 내는 이유는 좋아서 하는 과정에서 탁월함이 창출되기 때문입니다. 그리고 그 탁월함 속에서 창의성이 발현됩니다. 이제 덕질은 비생산적인 것이 아니라, 생산적인 활동이 되고 있는 거죠. 우리 아이들은 훨씬 더 다양한 부캐릭터를 갖고 살아가게 될 것이며, 그에 따라 다양한 직업군을 경험할 것입니다. 어느 부분에 탁월한지 살피기 위해서라도 아이가 좋아하는 일을 마음껏 시켜볼 필요가 있습니다.

MIT, 하버드, 스탠퍼드에
누구나 들어갈 수 있다

몽골의 집에서 **MIT** 강의를 듣고 입학까지

미국에 한 번도 가본 적이 없는 몽골 울란바토르에서 자란 소년 바투시 미안간바야Battushig Myanganbayar는 15세 때 인터넷으로 MIT의 공학 강좌를 수강해 만점을 받았습니다. 미안간바야는 이 성적을 바탕으로 MIT에 지원해 입학허가를 받았습니다.

또한 하버드대학교와 MIT가 공동 설립한 무크 서비스 에덱스edX의 회로이론과 전자공학 과목을 듣고 우수한 성적을 받은 인도 소년 아몰 바베는 교수의 추천으로 17세에 MIT에 입학하기도 했습니다.

12세의 파키스탄 소녀 카디자 니아지Khadija Niazi의 사례도 눈여겨볼 만합니다. 니아지는 무크 서비스인 유다시티^{Udacity}에서 인공지능을 비롯한 물리학 강좌 100개를 높은 점수로 수료했습니다. 2013년 세계경제포럼에 참석한 니아지는 세계 유명 인사들과 무크가 가져올 교육혁명에 관해 토론을 벌였습니다. 무크란 무엇이며, 어떻게 이런 일이 생길 수 있었을까요?

누구나 하버드 강의를 듣고 이수할 수 있다

2000년 초, 세계 최고라 꼽히는 미국 유수 대학들을 중심으로 온라인 강의를 일반인에게 공개하는 운동이 시작되었습니다. 양질의 지식을 보다 많은 사람들이 쉽게 접할 수 있게 하자는 취지에서 시작된 공개 강의 운동이었습니다. 사실 교수가 자신의 강의를 일반 대중에게 공개하기는 쉽지 않습니다. 이는 곧 다른 이들에게 평가를 받을 수 있다는 의미니까요. 그럼에도 유명 교수들이 대학의 사회적 책무를 다하기 위해 이 운동의 주축이 되었습니다.

처음에는 단순히 강의를 공개하던 이 운동은 이용자의 니즈를 수용해 좀 더 학습을 체계화시킬 여러 방법을 모색하기 시작했습니다. 강의 공개를 뛰어넘어 학습을 관리 및 코칭하고, 그룹별 토론을 도우며, 지역 사회 학생들에게 세미나 기회를 제공하고, 평가 인증으로 수료증을 발급해 학생들의 역량을 증빙하는 방향으로 진화했습니다.

입학 커트라인을 두는 대신 실제로 그 과목을 이수할 만큼 역량이 충분히 개발되었는지를 중요하게 본 것입니다. 학습의 질을 높이고 학생의 역량을 정확히 평가해서 수료증을 제공하자, 해당 과목 수료증이 대학 졸업장에 준하는 포트폴리오가 되었습니다. 이렇게 온라인 공개 강의들이 진화하기 시작했습니다.

이렇듯 대학이 사회적인 책무 차원에서 교육 자원과 강의 콘텐츠를 공개하기 시작한 교육 자원 공개 운동OER, Open Education Resources이 태동되었습니다. 이와 같은 운동의 일환으로 진화한 대규모 공개 온라인 강의를 무크MOOC, Massive Open Online Course라고 합니다.

고등교육 수혜 평등을 목적으로 한 무크는 비싼 대학 등록금을 혁신적으로 낮추었습니다. 낙후된 지역의 학생뿐 아니라 한창 일하고 있는 성인들에게도 유용한 학습 서비스를 제공합니다. 특히 빠르게 변화하는 공학 분야의 경우 신기술을 반영하여 유연하게 학습할 수 있습니다. 무크는 일하는 데 필요한 새로운 지식을 지속적으로 업데이트할 수 있도록 평생학습을 돕는 데 의의가 있습니다.

또한 강의를 수강하는 데서 그치지 않습니다. 해외 명문 대학들은 강좌를 개설해 공개하고, 학습을 관리하고 평가하는 시스템을 갖춤으로써 세계적으로 통용되는 자격증 또는 수료증을 발급합니다. 빅데이터 기술과 인공지능 기술이 더해지면서 학습 관리와 평가, 인증 방식 또한 진화하고 있습니다.

무크 서비스는 기존 사이버대학과는 다릅니다. 두 곳 모두 온라인으로 학습을 진행하지만 '플랫폼'이라는 측면에서 차이가 큽니다. 사이버대학은 오프라인 대학을 거점으로 하거나 독자적인 대학 형태로 구축됩니다. 반면에 무크 서비스를 통하면 다양한 대학의 공개 강의들을 두루 수강할 수 있습니다. 수많은 대학이 하나의 플랫폼에 들어가 서로 경쟁하기에 전반적으로 강의의 질이 높을 수밖에 없습니다.

주요 무크 서비스: 에덱스, 코세라, 유다시티

2007년부터 하버드대학교, MIT, 스탠퍼드대학교 등 미국의 유수 대학들은 공개 강의를 넘어 학습자 개개인이 강의를 듣고 역량을 키울 수 있도록 무크 서비스를 준비하고 있었습니다. 에덱스, 코세라COURSERA, 유다시티가 대표적 서비스입니다.

미국의 《뉴욕타임즈》는 2012년을 '무크의 해'라고 칭했습니다. 빌 게이츠는 무크 서비스에 막대한 비용을 투자했고, 무크가 미래의 고등교육을 짊어지리라 기대했습니다. 미국을 필두로 한 무크 서비스는 대학이 컨소시엄을 맺고 벤처 캐피탈의 투자를 받아 플랫폼을 만들고 강의실을 온라인으로 옮겼습니다. 수많은 학생이 접속하더라도 인공지능과 빅데이터, 수업 조교가 학습을 관리해주고, 교수는 분절된 학습 내용마다 학생들의 참여도와 과제를 체크할 수 있기 때문에 이 강의에는 학생의 자격이나 제한이 없습니다. 하지만 각종 시험과 테스트, 과제를 수행하는 데 많은 노력이 들기에 이수증을 얻는 게 쉽지 않습니다. 무크 강좌 이수율은 10퍼센트를 미치지 못합니다. 그만큼 혼자서 학습을 주도하는 것이 쉬운 일이 아닙니다. 온라인 수업이기 때문에 수강생의 의지와 노력이 중요합니다. 이런 이유로 무크가 현재 대학 교육의 절대적인 대안은 아닙니다.

그럼에도 무크의 의의는, 원한다면 세계에서 가장 뛰어난 학자의 강의를 매우 저렴한 비용으로 방 안에서 들을 수 있다는 점입니다. 학습 동기와 의지, 흥미와 관심이 있다면 언제든지 이와 같은 플랫폼을 활용할 수 있습니다.

무크가 변화시키는 공부의 의미

앞서 말한 몽골의 미안간바야와 파키스탄의 니아지의 사례는 온라인으로 새로운 기회들이 열렸음을 보여줍니다. 반대로 온라인 공개 강의 수료증을 얻을 때까지 학습을 관리하며, 높은 성적을 받기가 그만큼 어렵다는 반증이기도 합니다.

앞서 든 사례에서 미안간바야가 수강한 강좌는 수강생이 15만 명이었으나, 만점자는 단 340명뿐이었습니다. 인도 자발푸르에 거주하는 아몰 브하베가 수강했던 회로와 전자공학 과목은 15만 5,000명이 수강 신청을 했으나 조금이라도 수업을 들은 인원은 2만 6,000명이었고, 성

구분	edX	COURSERA	Udacity
웹사이트	www.edxonline.org	www.coursera.org	www.udacity.com
분야	고등교육 전 분야	고등교육 전 분야	고등교육 컴퓨터 과학에 주력
시작점	MIT, 하버드에서 시작	스탠퍼드에서 시작	스탠퍼드 교수 설립
특징	·강좌 3,000개 이상 보유 ·전 세계 160여 개의 유수 대학과 파트너십 ·국내 대학 중에서는 '서울대'와 파트너십 ·2021 한국에너지공대는 edX의 수강학점을 인정 ·학생 간/교수 간 상호작용 중시 ·데이터를 기반으로 학습 패턴 연구 ·학습 기간은 강좌별로 구성됨	·전 세계 200여 개의 대학 및 기업과 파트너십 ·국내 대학 중 '카이스트'와 파트너십 ·비디오 강의를 듣고 시험, 퀴즈, 과제 제출 등 ·온오프라인 동료 학생 간 상호작용 가능 ·최다 강좌 수 및 학생 수 ·학습 시작과 완료일 엄수 ·미국교육위원회ACE 학점인증강좌 제공 ·강의 수료 후 학생의 취업 연계	·컴퓨터 공학 관련 고난이도 강좌, 인공지능, 자율주행차와 같은 독특한 주제에 집중 ·취업을 위한 기술 교육 과정 '나노디그리' 운영 ·국내 컴퓨터 공학 학생들에게도 잘 알려짐 ·짧은 단위의 비디오 클립으로 강의 운영 ·강의 수료 후 학생의 취업 연계

공적으로 이수한 학생은 단 7,200여 명에 그쳤습니다. 이처럼 낮은 이수율은 무크만으로는 성공적인 고등교육 과정을 마치는 데 개인별 격차와 한계가 있음을 보여줍니다.

그 외에도 무크 서비스는 교양과 전문성을 두루 갖춘 인재를 양성하기에는 한계가 있다는 지적을 받습니다. 이를 증명하듯 실제 무크 서비스는 대학 비졸업자보다 대학을 졸업한 인재들이 재교육을 목적으로 활용하는 비율이 높습니다. 인재들이 자신의 전문성을 지속적으로 관리해 업무 능력을 향상시키려는 목적으로 이 서비스를 활용한다고 볼 수 있습니다.

즉 고등교육 접근성이 높아졌다고 해서 무크 강의 이수증이나 졸업장을 손쉽게 취득할 수 있다는 의미는 아닙니다. 무크 강의의 경우, 대부분 수준이 매우 높고 영어를 비롯한 주요국의 언어로 진행된다는 점 때문에 국내에서도 대학 졸업생이나 대학원생들이 수강하는 경우가 대부분입니다. 국내 무크 서비스인 K-MOOC의 강의도 아무런 학습 기반 없이 공부하기는 결코 쉽지 않습니다.

그럼에도 한 가지 분명한 점은 이러한 학습이 확대되면서 대학에 큰 영향을 미치기 시작했고, 앞선 사례처럼 지역과 비용의 한계를 넘어 우수한 교육 자원에 도달하는 등 모두에게 동등한 교육 기회가 주어지리라는 사실입니다. 계속 배워야만 적응 가능한 사회로 변모하고 있다는 점은 무크 서비스가 필요한 또 하나의 이유이기도 합니다.

대학의 미래와 공부의 변화

/

오프라인 대학을 입학하는 과정을 생각해봅시다. 학생은 대학을 선택하고, 대학 내의 전공을 선택하고, 전공 내 개설된 강의를 선택합니다. 무크 플랫폼에서는 이 과정이 완전히 거꾸로 이루어집니다. 학생은 듣고 싶은 강의를 먼저 선택하고, 그 가운데 대학 교수를 고른 뒤 해당 강의를 듣습니다. 사이버 공간에서는 굳이 A대, B대, C대를 나눌 필요도 없고, 나눈다고 해도 크게 의미도 없습니다.

앞으로는 점차 대학의 많은 기능이 사용자가 대거 몰리는 소수의 플랫폼, 몇 개의 서비스로 통합될 것입니다. 그 플랫폼 안에서 공개되는 교수들의 강의는 역량과 수업의 질에 따라 학생들의 반응이 나뉘기 때문에 대학의 명성보다는 어떤 교수가 어떤 과목을 가르치는지가 중요해집니다.

공통의 플랫폼을 중심으로 여러 대학이 컨소시엄을 맺어 강좌를 개설하고 운영하며, 평가 기관과 연계해 학점을 인정합니다. 이렇게 하나의 플랫폼 안에 유수 대학에서 잘 만들어진 다양한 강좌들이 개설됨에 따라 이용자는 보다 쉽게 질 좋은 강의를 만나보고, 대학들은 플랫폼 내에서 서비스의 질적 수준을 경쟁하며 강좌를 한층 업그레이드할 수 있습니다. 여기서 탄생한 스타 교수들이 오프라인 대학을 홍보하는 데도 톡톡한 역할을 하기 시작하죠.

학생들의 입장에서는 고등교육 서비스로 진입하기는 쉽지만, 개별 수업을 이수하는 게 쉽지는 않습니다. 이제는 수업 내용을 얼마나 이해했는지, 활용 가능한지가 중요해집니다. 그래야 강좌 이수증을 발급받을 수 있습니다. 입학은 자유, 비용은 무료, 하지만 시험과 자격 검정은 유료로 운영됩니다. 온라인 학습 서비스이다 보니 많은 학생이 이용하므로 자격 검정과 인증 서비스만으로도 운영이 가능해집니다. 이것이 무크 서비스의 새로운 비즈니스 모델입니다.

이들 서비스는 각 대학에서 개별적으로 교육 자료를 개방하는 수준을 넘어 대학을 홍보하고 우수 학습자를 확보하는 방안으로 진화 중입니다. 이미 해외 유명 대학들이 공동 활용 플랫폼을 구축했고, 이 흐름에 따라 전 세계적으로 무료 강좌를 제공하는 대학은 계속 늘고 있는 추세입니다. 혁신적인 형태의 무크는 단순한 무료 온라인 학습을 넘어 고등교육의 새로운 패러다임을 선도하면서 전 세계 평생교육을 주도하는 교육 모델로 진화 중입니다.

최근 국내 학습자들 사이에서도 MIT나 스탠퍼드대학교 등 해외 유수 대학에서 무료로 제공하는 공개강의 서비스를 무료로 체험하는 사람들이 늘면서 해외 대학 진학에 대한 관심이 증가하기 시작했습니다. 개인 역량 강화 및 취업을 위한 스펙 관리 차원에서 무크 수료증에 대한 관심도 커졌습니다.

온라인 교육으로 해외 유명 대학의 학위를 취득하는 방식이 활성화될 경우 국내 입시에는 큰 변화가 생기고 국내 대학에는 위기가 올 수 있습니다. 우리나라를 비롯한 전 세계 대학의 수업이 온라인으로 바뀌고, 입학은 쉬워지되 강좌 이수나 졸업이 상당히 까다로워진다면 어떻게 될까요? 아마 입시 교육이 상당히 줄어들 겁니다. 스스로 목표와 동기를 가지고 필요한 강의를 찾아 열심히 공부하는 학생들에게는 더 많은 기회가 주어질 겁니다.

존재 이유가 명확한 캠퍼스만 살아남는다

오프라인 대학이 유명무실해진다는 건 아닙니다. 여전히 중요한 기능을 합니다. 오프라인 대학에서는 전공의 의미가 매우 큽니다. 전공별로 체계적이며 깊이 있게 배울 수 있죠. 게다가 오프라인 대학 안에서 맺은 관계들은 평생 이어집니다. 반면에 전공 간의 벽이 높기 때문에 학문을 융합하거나 새로운 산업 분야에 속도감 있게 녹아들기가 어려운 측면이 있습니다.

오늘날 대학의 위기는 대부분 대학을 취업을 위한 전문학교 수준으로 여긴다는 점에서 시작됐습니다. 대학 본연의 기능은 학문 연구입니다. 깊이 있는 학문을 연구하는 학자의 길을 걷고 싶다면 대학에 진학하면 되겠지만, 취업 수단이라면 이를 대체할 방법은 무수히 다양해지고 있습니다. 대학보다 비용적으로도 시간적으로도 효율적인 방법으로 말이에요. 취업하고 경제적 활동을 위한 기반을 마련하고 싶다면 여러 가지 다른 선택지를 고려해볼 수 있습니다.

오프라인 대학에 진학하지 말라는 뜻은 절대 아닙니다. 대학은 고등교육 서비스의 여러 형태 가운데 하나입니다. 실력과 경험을 바탕으로 한 새로운 성공 경로가 다양하게 등장하는 오늘날, 오프라인 대학이 성공하기 위한 필요충분조건이 아니라는 의미입니다.

평생 배워야 하는 만큼 공부로 효능감을 느끼고, 공부의 즐거움을 알아야 하며, 스스로 공부의 방향과 목적을 향해 나아갈 수 있어야 합니다. 단순히 아이들의 교육을 대학 입시를 위한 수단으로만 바라보고, 대학만 진학하면 모든 지긋지긋한 공부가 끝이 난다는 인식이 조금은 변했으면 하는 바람입니다.

대면 강의가 없는 학교,
미네르바 스쿨

엘리트를 흡수하고 있는 새로운 대학, 미네르바 스쿨

서울대학교 사회학과를 비롯해 명문 대학 여섯 곳에 합격해 화제가 된 임지엽 학생. 그가 선택한 학교는 다름 아닌 '미네르바 스쿨Minerva University'이었습니다. 임지엽 학생은 '좋아하는 일을 잘하고, 잘하는 일을 좋아하는 사람'이 되고 싶어서 이 학교를 선택했다고 합니다. 인터뷰에서 "20대 초반에 세상을 보는 시야를 넓히고, 남들이 쉽게 해보지 않을 것들을 도전해보려 한다"고 밝힌 바 있습니다. 임지엽 학생이 선택한 미네르바 스쿨은 어떤 곳일까요?

2014년도에 개교한 미네르바 스쿨은 온라인 강의와 전 세계 주요국에 체류하며 실제 경험을 쌓는 인턴십 형태로 교육을 진행합니다. 미국 IT 기업 스냅피시 CEO 출신의 벨 넬슨이 벤처 캐피털의 투자를 받아 설립했습니다. 최근 지원자 가운데 단 1.5퍼센트만 합격해 하버드 대학교보다 더 들어가기 힘든 대학이라는 새로운 별명을 얻기도 했습니다. 이 학교는 SAT나 토플 등 대학 입학자격시험 성적이 필요하지 않습니다. 학비, 기숙사비, 교통비 등을 포함해 연 3만 달러 내외(한화로 약 3,500만 원)의 등록금을 받습니다. 이는 미국의 일반 사립학교의 반값 수준입니다.

강의는 '액티브 러닝 포럼Active Learning Forum'이라는 원격 프로그램으로 진행합니다. 대면 수업이 아니기에 강의실 개념이 없고, 교수들은 미국 전역에서 온라인으로 학생들과 만납니다. 액티브 러닝 포럼 프로그램으로 온라인 학습을 진행할 때, 학생들은 자신의 학습 참여도를 피드백받습니다. 학습에 제대로 참여하고 있을 때는 초록색, 저조할 때는 빨간색 표시가 뜹니다.

포럼은 2명에서 최대 16명의 학생으로 구성되는데 그 이유는 이 정도 규모가 온라인 참여형 수업을 할 때 가장 지식 전달력이 높기 때문입니다. 학생들이 수업에 보다 능동적으로 참여할 수 있도록 교수의 발화는 10분으로 제한되어 있고, 이 시간을 초과할 경우 마이크가 꺼지도록 설계되어 있습니다. 이는 온라인 학습에서는 학생들의 능동적인

―
* UNN리포트, 〈허정윤 기자의 미네르바 스쿨 학생 원격 인터뷰〉, 2020.4.27.

액티브 러닝 포럼

〈출처 : 미네르바 스쿨〉

참여가 가장 우선시되어야 한다는 구성주의 학습 이론을 배경으로 합니다.

온라인과 오프라인 교육의 강점만 취하다

모든 학습이 비대면으로 이루어지는 것은 아닙니다. 핵심은 다른 곳에 있습니다. 미네르바 스쿨 학생들은 한 곳에서 기숙사 생활을 합니다. 다양한 문화적 배경을 가진 많은 학생들이 기숙사에 모여 생활하면서 서로의 문화를 경험하고, 강의에서 배운 내용을 토대로 토론이나 협업을 하면서 함께 문제를 해결해나갑니다. 이때 오프라인에서 할 수 있는 공부, 온라인으로 할 수 있는 공부가 명확히 구분됩니다. 교수에게 보고 들은 지식을 토론하는 경우에는 온라인 학습을 활용합니다. 해당

세계 각국의 미네르바 스쿨 강의실

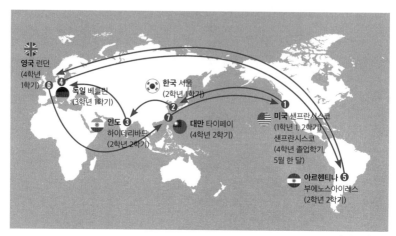

〈출처 : 조선일보〉

지식을 실제 활동에 적용하거나 토의하면서 문제를 해결해나가는 과
정이 필요할 경우에는 철저히 오프라인으로 진행합니다. 학생들이 지
식을 통합하고 보다 실용적으로 활용할 수 있도록 입체적인 기회를 제
공합니다.

　미네르바 스쿨의 학생들은 한국, 영국, 독일, 인도, 대만, 미국, 아르
헨티나 등 전 세계 주요국을 돌아다니며 각국의 기업에서 인턴십을 수
행합니다. 이때 학생들이 직접 일을 해보며 머리로 알고 있던 지식을
몸으로 느끼는 '삶 속에서 찾는 지식' 과정을 중요하게 다룹니다. 학생
들은 전 세계의 기업과 문화, 지역사회 속으로 들어가 상호작용하며 다
양한 경험을 쌓아갑니다. 책에서 배운 이론이 실제 맥락과 문제 해결
과정에 어떻게 적용되는지 자연스럽게 습득합니다. 아무리 양질의 지

식이어도 스스로 소화해 실제 맥락에서 활용할 수 없다면 죽은 지식이라는 점을 깨닫게 하는 것이죠.

온라인 학습은 기술의 문제일까?

/

미네르바 스쿨은 온라인 학습에 대한 한 가지 방향성을 보여줍니다. 온라인 수업 툴을 얼마나 '잘' 사용하는지 여부가 아니라, 기술을 어떻게 적재적소에 활용할지 고민하는 것입니다. 보통은 새로운 기술 자체에 관심을 보이게 마련이지만 사실은 기술을 어떤 이유에서 어떻게 적용했는지가 학습의 성패를 가름하는 중요한 요소입니다. 현상보다는 본질을 살펴야 하는 이유가 여기에 있습니다.

앞으로 우리가 경험할 온라인 학습도 마찬가지입니다. 온라인 학습은 학습의 본질에 닿기 위한 하나의 도구일 뿐입니다. 최신 온라인 학습 기술을 무조건 수용하기보다는, 다양한 온라인 학습 도구 가운데 해당 과목에 가장 효과적인 학습 기술을 채택하는 것이 중요합니다.

미네르바 스쿨이 가장 중요하게 생각하는 점은 학생이 주도하는 참여형 수업, 삶의 현장에서 직접 경험하여 습득하는 실제적인 지식입니다. 이때 온라인 학습은 오프라인 경험 강화를 위한 사전 준비 단계로서의 의미를 갖습니다. 기존 교육이 교사 주도형이고, 경계가 높은 학문들을 사회적 맥락이 배제된 상황에서 학문으로 접근하곤 했기에 실전에서 활용하려면 재교육을 받아야 했습니다.

미네르바 스쿨은 이런 문제점을 바탕에 두고, 새로운 형태의 교육을 디자인했습니다. 이 학교가 가장 이상적인 형태라고 말할 수는 없지만, 적어도 새로운 지식이나 기술을 기반으로 배우고 즉시 활용하며 탁월함을 발휘하고 싶어 하는 인재들에게는 매우 효과적인 수업 방식일 수 있습니다.

대학의 새로운 시도와 변화

/

앞서 살펴본 바와 같이 대학의 새로운 시도와 변화를 눈여겨볼 필요가 있습니다. 첫 번째 특징은 대학의 온라인화입니다. 2000년도 전까지만 해도 대학 수준의 지식과 정보는 대학 캠퍼스에서만 배울 수 있었지만 최근에는 이 지식 독점 구조가 완전히 허물어졌습니다. 누구나 온라인에서 무료로 대학 강의를 들을 수 있으니까요. 하지만 단지 온라인으로 지식이 공개되었다는 것만으로는 불충분합니다.

더 중요한 것은 두 번째 특징입니다. 온라인으로 강의를 보고 듣고 익힌다고 해서 미래 사회가 요구하는 역량을 키워나가기는 어렵습니다. 지식을 실제 활용 가능하도록 자기 것으로 만드는 과정이 필요합니다. 그래야 실제 업무나 생활에서 발생한 문제를 해결하는 데 도움을 주는 살아 있는 지식이 됩니다. 때문에 온라인상에서 교수 또는 학생 간의 다양한 토론과 토의로 서로의 생각을 공유하고, 이렇게 형성된 지식을 실제 상황에 적용하면서 실패와 성공을 몸소 체험해보는 과정이 중요해집니다. 이 과정에서 앞서 카카오나 구글과 같은 기업들이 인재 채용에서 중요하게 살펴보는 '활용 가능한 실력'이 자라납니다. 지식을 능동적으로 습득하고, 타인과 소통하며 협력하고, 문제에 직접 부딪혀 성공을 경험하는 인재들이 양성되는 것이죠. 어떤 아이들에게는 오프라인과 온라인에서 사람들과 함께 부딪치며 겪는 경험이 책상 앞 공부보다 더욱 중요해집니다.

무크 서비스나 미네르바 스쿨이 기존의 대학을 완전히 뒤집을 새로운 대체재나 정답은 아닙니다. 빠르게 발전하는 신기술을 기존의 교육에 접목해, 현재의 교육이 지니는 단점을 보완하고 더 나은 교육 구조를 만드는 실험적인 시도와 노력들입니다.

아무리 기술이 발달해도 기존의 교육 체계가 더 잘 맞는 분야나 학생도 있고, 새로운 경로가 더 잘 맞는 분야나 학생도 있을 것입니다. 우리가 알아야 할 것은, '더 좋은 대학'이라는 하나의 목적지가 아닌 여러 가능성과 경로들이 열리고 있다는 점입니다. 이 다양한 경로를 미리 알고 있어야 특정 학생의 꿈과 재능, 진로에 맞춰 성공으로 향하는 길을 넓혀줄 수 있습니다.

오프라인 학습 vs. 온라인 학습.
어떤 게 좋을까?

Q 코로나 때문에 시작된 온라인 학습으로 교육 방향에 혼란이 옵니다. 웬만해서는 스마트폰과 컴퓨터를 만지지 못하게 했거든요. 그런데 점차 모든 학습이 온라인으로 대체된다면 지금부터 스마트폰과 컴퓨터에 아이를 적응시켜야 하나요?

A 온라인 학습에 대한 강의에서 가장 많이 받는 질문 중에 하나입니다. 온라인 학습이 대세가 된다고 해서 미리 적응시킬 필요는 없습니다. 아이들은 온라인 학습에 생각보다 빠르게 적응합니다. 온라인 학습이냐 오프라인 학습이냐를 고민하기보다 아이가 궁금해하고 알고 싶어 하는 내용을 어떤 방법으로 잘 가르쳐줄지 고민해보는 것이 우선입니다. 온라인 학습을 학교교육 보충용으로 활용하는 경우와 아이의 궁금증과 호기심에 따라 활용하는 방법 모두 생각해볼 수 있습니다.

학교교육을 보충하는 경우

학교교육을 보충하기 위해 활용한다면 가장 먼저 교사가 활용하는 온라인 학습을 잘 이해해야 합니다. 개별적으로 교과서 업체에서 제공하는 온라인 학습 플랫폼이나 인터넷 강의를 활용하는 경우도 있습니다. 온라인 학습은 대면 학습에 비해서 짧고 집약적으로 진행된다는 장점이 있습니다. 학원을 오가는 시간을 절약할 수 있습니다.

반면 영상을 시청한다고 온전하게 학습이 이뤄지고 있다는 의미는 아닐 것입니다. 학습이란 스스로 이해하고 받아들이고 기억하는, 능동적인 사고 과정이 이뤄져야만 의미가 있으니까요. 습득이 쉬운 만큼 망각도 빠릅니다. 아이의 입장에서는 보고만 있어도 되는 온라인 학습이 마음 편하게 느껴질지도 모르겠습니다.

이때는 시중의 다양한 온라인 학습 플랫폼 중에서 아이가 개념을 얼마나 이해했는지 학습 빅데이터를 분석해주고 피드백해주는 맞춤형 서비스를 제공하는 곳들을 살펴보세요. 빅데이터를 기반으로 아이에게 맞춤형 수업이 제공되는지, 아이가 어디에서 막히고 어려워하는지 잘 리포팅되고 그에 따라 보충학습을 제공하는지 여부를 따져보는 게 좋습니다.

아이 학습의 경우 학습을 관리해주는 코치 역할도 간과해서는 안 됩니다. 평가 문항이 몇 개인지, 퀴즈가 몇 개인지보다 중요한 것은, 아이가 이해하지 못한 부분을 발견하고 이를 반복 및 보충해서 완전학습에 도달할 수 있도록 도와주는 학습 코치의 유무입니다. 만약 프로그램은 좋지만 학습 코치가 없다면 가까운 어른이 그 역할을 해주어야 합니다. 학습 코치는 온라인 학습의 낮은 이수율을 높이고 완전학습을 도울 수 있습니다.

흥미와 관심사를 깊이 알고자 활용하는 경우

스마트폰이나 미디어를 무조건 지양해야 한다는 관점 역시 오해에서 비롯합니다. 스마트폰이나 미디어는 어떻게 사용하느냐에 따라 굉장히 유용해질 수도 있고, 위험해질 수도 있습니다. 양질의 콘텐츠는 잘 쓴 책만큼이나 가치가 큽니다. 우리가 쉽게 접할 수 없는 저명한 사람을 만나는 매개가 되기도 하고, 역사적인 사건이나 지리적인 정보를 시각적으로 보여줄 수도 있습니다. 종이접기처럼 전문가의 시범에 따라 과정을 익히는 학습에도 매우 큰 도움이 됩니다.

아이가 궁금해하고 알고 싶어 하는데 어른들이 가르쳐주기 어려운 것들이 있습니다. 예를 들어 공룡이나 희귀한 동물 등 자연에 관심이 많은 경우, 작사 작곡 같은 음악에 관심이 많은 경우, 코딩이나 웹디자인, 종이접기, 도자기 굽기 등 주변 어른들은 잘 모르는 흔치 않은 분야에 관심이 많은 경우는 아이의 호기심을 채워주기가 어렵습니다.

사자의 발가락 생김새를 궁금해하는 아이에게 굳이 말로 묘사할 필요는 없습니다. 사자의 발 사진이나 영상 하나면 충분합니다. 사진 한 장으로 동물의 발 모양에 관심을 키울 수도 있고, 사자에 대한 관심을 더 높일 수도 있습니다. 양질의 콘텐츠는 때로 아이들의 흥미와 관심을 폭발적으로 증폭시킵니다.

특히 학부모들이 많은 관심을 기울이는 영어 교육의 경우는 온라인 학습이 큰 도움이 될 수 있습니다. 외국어는 사용 환경, 즉 듣는 상황에 노출되는 것이 중요한데, 어렸을 때부터 아이가 좋아하는 분야의 콘텐츠를 접하게 한다면 자연스럽게 영어를 익힐 수 있습니다. 영어를 공부로 배우기를 거부하는 아이들도, 공룡 영화나 공주 만화처럼 좋아하는 분야의 영어 콘텐츠를 보여주면 거부감이 낮아지는 경우가 많습니다. 다양한 문화권에서 제작된 콘텐츠는 다른 시각, 다른 문화를 간접적으로 경험해볼 기회도 됩니다. 그리고 영상은 낯선 언어의 의미를 간접적으로 알려줍니다. 한편 스토리텔링이나 언어 자체에 관심이 많은 아이들은 도리어 낯선 말들을 거부할 수 있습니다. 이럴 경우는 굳이 억지로 영어를 들려줄 필요는 없습니다. 수시로 조금씩 시도하며 아이에게 '꽂히는' 키 콘텐츠를 기다려야 합니다.

즉 먼저 아이의 호기심과 관심사가 명확해지고, 그 분야가 온라인 학습에 효과적인지 살펴본 뒤 온라인 학습에 접근해봅니다. 초등학교 3학년 이후부터는 아이가 흥미가 있는 분야를 자기주도적으로 좀 더 확장해 공부해볼 수 있도록 공감해주고 지원해주면 좋겠습니다. 초등학교 고학년으로 올라가는 시기부터는 부모가 일일이 간섭하기 어렵습니다. 이때는 감시하기보다 아이가 말문을 열 수 있도록 독려해주세요. 자기가 좋아하는 일은 누군가에게 말하고 싶습니다. 아이가 스스로 입을 열도록 온라인 공간에서 어떤 분야의 공부에 흥미를 느끼고 관심을 기울이는지 살펴보세요. 그리고 실제 생활에서 부모와 함께할 수 있는 활동도 생각해봅니다.

한 초등학교 3학년 아이는 요리에 관심이 많았습니다. 부모는 아이가 만들어보고 싶어 하는 요리 레시피를 찾아 함께 요리하고, 그 과정을 영상으로 제작해보기도 했습니다.

창의적 체험 활동이란 멀리 있는 게 아닙니다. 특히 가정에서만큼은 내 아이에게만 집중해 관심사를 반영시켜줄 수 있다는 강점이 있습니다. 매일 할 필요도 없습니다. 주 1~2회, 단지 아이가 무엇을 하는지, 무엇을 배우는지 관심을 기울이고 지지해준다고 느낄 정도면 충분합니다. 이 시간은 학교와 학원에서 각종 열등감을 견뎌야 하는 아이들에게 자신감과 용기를 회복시켜주는 소중한 시간이 될 것입니다.

온라인 중독에 대해 정확히 이해할 것

앞서 말씀드린 바와 같이 게임과 유튜브가 중독을 유도하는 원리에 대해서도 이해해야 합니다. 아이가 온라인 세상을 한 발자국 떨어져 바라볼 수 있도록 어른들의 지도가 필요합니다. 온라인 세상을 객관적으로 관찰해보고 생각을 나누어보세요. 온라인 세상이 때로는 얼마나 무서울 수 있는지, 중독이 얼마나 치명적인지 등을 주제로 대화하며 디지털이 단순한 도구 이상의 힘을 갖고 있다는 사실을 깨닫게 해줄 필요가 있습니다.

온라인 학습을 도구로서 자유자재로 활용하기 전에 아이들에게 필요한 것은 오프라인의 지적 활동을 통해 자기의 관심사와 흥미를 발견하는 것입니다. 온라인 학습을 무조건적으로 나쁜 것으로 여기거나, 온라인 활동을 안 좋다고만 생각하면 온라인으로 누릴 수 있는 다양한 효과들을 버리는 셈입니다. 때문에 온라인 학습과 오프라인 학습의 장점과 한계를 이해하고, 이를 보완하는 방향으로 활용할 방법을 모색해보면 좋겠습니다.

미래학자들의 손꼽는
미래 인재의 핵심 역량

온라인 학습을 살펴보기 위해서는 미래 교육이라는 좀 더 큰 시각이 필요합니다. 대학 입시의 수단으로 바라본다면 온라인 학습은 인터넷 강의 이상의 무엇이 되기는 어렵습니다. 그저 지식을 주입하고 암기하고 문제를 풀도록 돕는, 오프라인에서 하던 주입식 강의를 그대로 온라인으로 옮겨올 뿐이죠.

인공지능이 사람의 일들을 대체하고 있는 시점에서 인간이 앞으로 해나가야 할 일들의 성격은 조금씩 달라지고 있습니다. 앞서 살펴본 바와 같이 우리 사회가 필요로 하는 인재의 상이 변화하고, 지식조차 유동적이고 융합적으로 바뀌고 있습니다. 몸으로 직접 부딪쳐보며, 문제를 해결하는 데 적용해보고, 과정을 느껴보고, 결과에 대해 생각해보는 실천적 지식 습득이 중요해지고 있습니다.

이번 장에서는 기술 발달 이후 현대 사회가 원하는 인재의 성격이 어떻게 바뀌었는지 조금 더 자세히 살펴보겠습니다. 그리고 그 큰 줄기에 따라 학습 방향을 살펴보고, 온라인 학습의 가능성에 대해서 함께 생각해보고자 합니다.

AI와 경쟁할 것인가,
공존할 것인가

AI가 인간의 일자리를 모두 빼앗을까?

인공지능AI, artificial intelligence이란 스스로 학습할 수 있는 기계를 뜻합니다. 인공지능은 기존의 방대한 데이터를 빠른 시간에 정확하게 습득합니다. 밤낮으로 공부하고 일을 해도 지치지 않습니다. 이 때문에 지식 습득으로는 인간이 인공지능을 상대할 수 없습니다. 인공지능은 인간의 지능을 추월하고 있습니다. 의학, 과학, 인문학 등 모든 분야를 막론하고 활발히 활용되는 중입니다. 그리고 그 비중은 매우 높아질 것입니다. 그렇다면 인공지능은 우리의 일자리를 빼앗는 위험한 기술이 될까요?

인공지능이 발달하면서 많은 직업이 위협받고 있습니다. 우리는 이미 여러 면에서 사람의 자리를 기계가 대체하는 현상을 지켜보고 있습니다. 하지만 이제 시작일 뿐입니다. 앞으로 얼마나 다양한 분야의 많은 직업이 사라지거나, 모습을 달리할 것인지 미래학자들은 예측하곤 합니다.

텔레마케터부터 의사나 법조인까지 다양한 일자리가 줄어들 수 있다는 예측이 나옵니다. 이를 보면 '인공지능과 경쟁은 애초에 불가능한 게 아닐까?', '이제 인간이 설 자리는 사라지는 게 아닐까' 불안해지곤 합니다. 하지만 업에서 요구되는 일의 형태가 달라질 뿐, 사람이 필요 없는 업이란 존재하지 않을 겁니다.

'의사'라는 직업을 예를 들어서 설명해보겠습니다. 의사의 일은 병의 진단과 처방입니다. 수술도 합니다. 현재 환자와 병에 대한 데이터가 방대하게 쌓이면서 진단과 관련된 인공지능 기술이 크게 발달했습니다. 예전에는 의사가 환자의 각종 데이터와 증상을 보고 진단을 했다면, 지금은 기술이 환자의 영상 및 다양한 데이터를 기존에 쌓인 수많은 데이터와 비교해 진단을 제안합니다. 최신 연구 데이터부터 오랜 기간 누적된 데이터까지, 많은 데이터를 일시에 비교, 진단함으로써 오진율을 낮춥니다. 외과 수술에도 정밀한 로봇들의 역할이 커지고 있습니다.

그렇다고 의사가 필요 없어질까요? 그렇지는 않습니다. 다만 하는 일들이 조금 달라질 겁니다. 예를 들어 환자와 소통하는 기술이 좀 더 요구될 것입니다. 환자가 말로 설명하는 증상을 데이터화하고, 이로 써 추출된 결과를 판단해 최종 진단을 내리며, 환자가 이해하기 쉽게 설명하는 역할이 커집니다. 또 전공 분야에 한정해 병을 치료하는 것 이 아니라, 다양한 분야 의사들과 협업하는 능력이 더 요구될 수 있습 니다. 다른 분야 전문의들과 처방책을 함께 논의하거나, 새로운 해결 방안을 모색하는 데 더 많은 시간을 할애하게 됩니다.

기존 빅데이터에서 나온 결과와 다른 새로운 유형의 질병을 발견하 거나 연구하는 일도 중요해집니다. 타 분야의 연구 결과를 자신의 분 야에 접목하는 새로운 시도들이 장려될 것입니다. 공감이나 협업, 해 결책을 찾기 위한 소통의 능력은 신기술이 등장하면서 인간에게 더욱 크게 요구되는 역량입니다.

이는 의사라는 직업뿐 아니라, 다양한 직업들에 일어날 변화입니다. 이 때문에 전문가들은 미래 인재들이 갖춰야 할 능력으로, 문제 해결 력, 협업과 공감력, 관점을 새롭게 바꿔 바라보는 창의력, 기존의 통념 을 바꿀 비판적 사고력, 새롭게 또 도전할 수 있는 실패 회복력 등을 강 조합니다.

인공지능과 공존하는 미래

/

2017년 10월, 미국 뉴욕 유엔UN 본부에서 열린 경제사회이사회ECOSOC

인공지능 소피아의 유엔 경제사회이사회 회의

정기 회의는 전 세계인의 이목을 끌었습니다. 인공지능 로봇인 소피아가 회의에 참여해 로봇으로서 최초로 발언권을 행사했기 때문입니다. 소피아는 미국에서 태어나 사우디아라비아에서 최초로 시민권을 획득한 인공지능 로봇으로, 인간과 실시간으로 대화하고 눈으로 사람을 인식하며 얼굴 표정으로 감정을 표현할 수 있습니다. 아미나 모하메드 유엔 사무부총장이 소피아에게 물었습니다.

"세상에는 인터넷도, 전기도 없이 살아가는 사람들이 많습니다. 우리 유엔이 이들을 위해 무엇을 하면 좋을까요?"

소피아가 답했습니다.

"윌리엄 깁슨William Gibson은 이런 말을 했죠. '미래는 이미 와 있다. 다만 공평하게 퍼져 있지 않을 뿐이다.' 인공지능과 자동화로 얻는 이점은 더 적은 자원으로 더 많은 결과를 만들어낸다는 것입니다. 인공지능이 더 똑똑해지고 '상생'이라는 가치에 집중한다면 인간을 도와 식량이나 에너지 같은 자원들을 능숙하게 분배할 수 있습니다. 갈수록 진화하는 인공지능의 힘을 인간이 잘 활용한다면 기술을 포함한 다양한 것들을 더 공평하게 나눌 수 있습니다."*

그는 인류가 미래를 창조하는 것을 돕기 위해 그 자리에 섰다고 밝히며 새롭게 다가오는 미래의 시작을 알렸습니다. 바로 인간과 인공지능이 공생하는 미래입니다. 소피아를 개발한 핸슨 로보틱스Hanson Robotics는 그를 스스로 인식하고 상상하는 수준으로 진화시키겠다는 목표로 개발에 임하고 있습니다.

미래는 이미 와 있습니다. 다만 모든 사람에게 공평하게 퍼져 있지 않을 뿐입니다. 인공지능이 우리에게 어떤 영향을 끼칠지 부정적인 반응과 긍정적인 반응이 혼재합니다. 어떤 사람은 위기론을, 어떤 사람은 공생론을 지지합니다. 윤리적인 가치 판단 문제도 얽혀 있습니다. 다만 확실한 것은 이미 인공지능 기술이 우리 깊숙이 다가와 삶을 바꾸어놓고 있다는 점입니다. 특히 2022년 개정 교육과정에서는 AI를 비롯한 디지털 관련 능력을 언어, 수리와 더불어 기초소양으로 강조합니다. 즉 우리 아이들은 AI 기술을 언어와 수리만큼 삶을 살아가는 기본 도구로서 활용할 수 있어야 합니다.

미래학자인 유엔미래포럼 박영숙 대표는 2030년경부터 점차 의식주에 드는 수많은 항목이 무료화되는 세상이 올 것이라고 전망합니다. 밤낮으로 일을 해도 지치지 않는 인공지능 로봇들 덕분에 생활비가 0원에 가까워지고, 노동은 필수가 아닌 선택이 된다는 것입니다. 누구나 기본

---

* 유엔 경제사회이사회 〈미래의 기술 변화〉 회의 중 소피아의 발언으로 유튜브의 유엔 채널 참조. UN Deputy Chief Interviews Social Robot Sophia, 2017. 10. 12.

소득을 받으며, 정부의 연구 프로젝트나 창업 프로젝트에 소속됩니다. 이는 하고 싶을 일을 하는 자아실현의 사회가 도래함을 뜻합니다.* 최근 실제로 기초적인 생계를 가능케 하는 기본소득에 대한 논의가 이루어지고 있습니다.

인간이 노동에서 해방되고, 누구나 하고 싶은 일을 마음껏 하는 미래 전망을 100퍼센트 받아들이기 어렵더라도 인공지능이 인간의 많은 노동을 대신한다면, 인간이 할 수 있는 일, 창출할 수 있는 가치가 무엇인지 생각해보아야 할 것입니다. 인공지능이 할 수 없는 일, 인간만이 할 수 있는 일이 무엇일까요?

인공지능과 인간이 학습할 때 가장 큰 차이점은 '감정'입니다. 인간은 체력에 한계가 있어서 인공지능 로봇처럼 잠을 자지 않고 일하거나 공부할 수 없습니다. 오류와 실수도 범합니다. 감정이 있기에 학습하거나 일하면서 고통이나 불안, 무기력을 느끼기도 하지만 흥미롭거나 좀 더 알고 싶어지면 기쁨이나 즐거움, 더 수준 높은 과제에 도전하고 싶다는 도전의식, 문제를 해결할 수 있다는 자신감을 느끼기도 합니다. 다른 사람들과 협업할 때는 감정의 전이를 느끼며 즐거움이 고양됩니다. 학습으로 흥미와 즐거움, 자아효능감 등을 느낄 때 창의적인 질문들이 쏟아져 나옵니다. 그리고 자기 안에 생긴 질문들을 타인들과 지속적으로 공유하고 싶어 합니다. 이는 인공지능이 할 수 없는 일이죠.

---

* 박영숙, 제롬 글렌, 이희령 옮김, 《일자리 혁명 2030》, 비즈니스북스, 2017, 62쪽.

미래는 더 빠른 계산 능력이나, 더 효율적인 분석 능력, 답이 정해진 문제를 더 잘 풀고 못 풀고의 싸움이 아닙니다. 인공지능 소피아의 말처럼 '분배와 매칭'의 문제입니다. 다양한 관심과 재능이 있는 창의적이며 탁월한 개개인들이 사회와 어떻게 연결되는가의 문제이자, 창출된 자원과 재원이 어떻게 분배되는가의 문제입니다.

인공지능이 하지 못하는
두 가지

질문하는 인간

우리 아이들이 인공지능의 세계에서 잘 살아갈 수 있도록 돕는 것이 현시대 어른들의 책무입니다. 인공지능과 잘 공존하는 방법은 인공지능이 하지 못하는 인간만의 고유한 영역을 찾는 겁니다. 두 가지가 있습니다. 첫 번째는 바로 '질문'입니다. 인공지능은 답을 찾아내는 데는 매우 탁월하지만 스스로 질문하지는 못합니다.

사실 질문한다는 것은 쉬운 일이 아닙니다. 단순히 잘 안다고 해서 질문이 나오지는 않습니다. 먼저 대상에 대한 호기심이 있어야 하며, 세밀한 관찰과 깊은 이해가 바탕이 되어야 합니다. 그리고 대상을 바라보는 독특한 관점이 필요합니다. 질문은 주변의 삶에 관심을 갖고 관찰하는 애정을 표현하기도 하고, 상대방에 대한 관심을 뜻하기도 합니다. 어떤 과학적 지식이나 사실에 비판적인 관점으로 사고하는 과정이기도 하죠. 즉 질문에는 대상에 대한 관심과 깊은 이해를 필요로 합니다. 질문이 중요한 이유는 질문이 기존의 지식들을 새롭게 구성해 창의적으로 문제를 해결하는 데로 이끌기 때문입니다.

만약 여러분이 미국 대통령을 만난다면 어떤 질문을 하고 싶으신가요? 지난 2017년, G20 정상회담을 위해 한국을 찾은 버락 오바마 전 미국 대통령과의 기자회담은 매우 유명합니다. 오바마 전 대통령은 한국이 정상회담의 주체국으로서 훌륭한 역할을 수행해준 것에 감사를 표했습니다. 그는 강당에 있던 수백 명의 한국 기자에게 가장 먼저 질문할 권한을 주었습니다.

그 후 긴 정적이 흘렀습니다. 그 어떤 기자도 질문하지 않고, 모두가 숨을 죽였습니다. 정적의 시간을 깬 것은 한 중국인 기자였습니다. 한국인은 아니지만 꼭 질문하고 싶다고 첨언하면서 말입니다. 오바마 전 대통령은 한국인 기자에게 우선권을 주고 싶다며 한 번의 기회를 더 주었습니다. 하지만 그 누구도 일어서서 질문하지 않았습니다.

어른 세대는 정답을 말하는 데 길들여져 있습니다. 질문의 의중을 파악하고, 그에 가장 맞는 답을 내어놓는 데는 매우 탁월합니다. 반면에 질문을 만드는 데는 취약합니다. 정답이 아닌 것에 대해 논의하고 토론하는 것이 예의에 벗어난다고 생각해 꺼리곤 했습니다. 이는 배울 때도 그랬습니다. 지식의 권위에 복종하며 불변으로 받아들입니다. 지식을 곧 진리로 여기고 정답을 찾는 교육을 받았습니다. 저 역시 마찬가지입니다. 이 책을 쓰는 지금도 정답을 써야 한다는 압박을 느끼곤 하거든요. 이 책 역시 하나의 질문이자 의견이지, 정답은 아니라는 것을 염두에 두고 있음에도 말입니다.

지식 습득이 무용하다는 말은 아닙니다. 비판적 사고 과정 없이 인공지능이 도출한 결과를 무조건적으로 받아들이면 위험하기 때문에 지식은 필요합니다. 모든 사고는 지식을 기반으로 이루어지며, 머릿속에 생성되는 문제의식이나 질문 역시 본인의 지식을 재료로 이루어지기에 지식 습득, 즉 개념이나 원리 등을 공부하는 것은 매우 중요합니다. 하지만 무조건적인 암기식, 주입식 학습은 지양해야 합니다.

인간이 인공지능에 바라는 것은 정확한 정답을 찾아주는 것입니다. 우리가 익히 바라고 생각하고 있는 수동적인 모범생의 미래가 인공지능으로 대체될 것이라는 전망이 나옵니다.

아이들이 학습할 때 느끼는 감정을 중요하게 생각해야 하는 이유가 여기에 있습니다. 아이들이 공부할 때 즐거움을 느껴야 더 깊은 학습으로 나아가고자 하고, 수준 높은 질문들을 쏟아냅니다. 어른들은 수준 높은 질문으로 아이를 이끌어야 합니다. 어떻게 하면 아이를 좀 더 오래 책상 앞에 앉아 있게 할지 고민하는 대신에, 어떻게 하면 공부할 때 아이의 눈이 더욱 반짝일지 고민해야 합니다. 아이가 눈을 반짝이는 순간을 알아채야 합니다. 아이의 반응을 살피며, 아이가 더욱 고양

될 수 있도록 이끌어주어야 합니다. 분야가 무엇이든 말입니다.

진정성을 담아내는 일

/

인공지능이 하지 못하는 일이 한 가지 더 있습니다. 바로 진정성을 담아내는 일입니다. 일을 할 때 영혼을 담아 정성을 들이는 것은 사람만 할 수 있습니다. 만약 매일 반복되는 일상적인 일들, 획일적이고 표준화된 일들을 인공지능과 로봇이 대신한다면, 앞으로는 영혼과 정성 그리고 감동을 전달하는 능력이 일을 하는 데 중요한 자질이 됩니다. 이제 사람들이 요구하는 서비스 품질은 단순히 정확하고 편리하고 빠른 것에 그치지 않습니다. 더 큰 가치를 담아내길 바라고, 진심으로 감동을 느끼기를 원합니다. 또한 그 안에서 직업에 대한 가치를 스스로 느끼게 되죠. 상대방에게 공감하고 배려하며 의사소통하고, 친절하게 자신의 의사를 전달할 수 있어야 합니다.

얼마 전 치킨집 사장의 선행이 화제가 되었습니다. 5,000원밖에 없던 배고픈 형제에게 무료로 치킨을 베풀어주어 감사하다고 적힌 형제의 편지가 SNS에서 화제가 되면서 치킨집이 주문을 다 받을 수 없을 정도로 바빠졌습니다. 이처럼 사람들은 작은 선행에서 감동을 느낍니다.

최근 제품에 담긴 의미까지 고려하는 '가치 소비' 현상이 눈에 띄게 늘고 있습니다. 가격이 조금 비싸거나 패키지가 덜 고급스럽더라도 자신이 지향하는 가치관에 부합한다면 기꺼이 지갑을 여는 소비자들이 많아지고 있습니다. 이런 가치 소비는 SNS로 자신의 사회적 신념을 표현하고 공유함으로써 더욱 확산됩니다. 저탄소 친환경 제품, 동물 복지를 생각한 제품이 인기를 끌고 비건이 증가합니다. 반면 이런 가치를 훼손하는 기업의 제품을 적극 불매하기도 합니다. 많은 사람들이 일할 때뿐 아니라 물건을 소비할 때도 자신의 영향력을 생각하며 진정성을 녹이고자 합니다.

03

탁월함과 친절함이 열어주는 기회들

전문가들이 말하는 21세기 핵심 역량

2016년 세계경제포럼WEF은 21세기 미래 인재의 핵심 역량을 4C로 정의했습니다. 4C란 창의성Creativity, 협업 능력Collaboration, 의사소통 능력Communication Skill, 비판적 사고 능력Critical Thingking으로, 주어진 문제를 타인과 소통하고 협업하며 객관적이고 타당하게 조명하고 새로운 관점을 적용해 해결하는 역량을 강조합니다.

　로베르타 골린코프Roberta Golinkoff는《최고의 교육》이라는 저서에서 여기에 콘텐츠Contents와 자신감Confidence을 추가해 미래 인재의 핵심 역량을 6C로 정의하며 단계별로 필요한 역량을 살펴보았습니다. 지식 습득

4차 산업혁명 시대 미래형 인재의 핵심 역량[*]

구분	주요 내용
협력 Collaboration	모든 역량의 기초이자 가장 핵심적인 능력이다. 오늘날 기업에서 가장 중요하다고 보는 역량 중에 하나로 손꼽는다. 팀워크나 자기 제어 능력 등이 협력 능력을 만든다.
의사소통 Communication Skill	협력을 촉진시키는 동시에 협력을 기반으로 구축된다. 유수의 비즈니스 리더들은 이 능력을 갖춘 인재를 절실히 구하고 있다.
콘텐츠 Contents	지식 습득과 관련되어 있다. 학습 민첩성을 기르고 창의적인 사고와 더 깊이 생각하는 능력을 익혀야 한다.
비판적 사고 Critical Thingking	특정 사실을 검증하고 자신의 견해를 갖추는 것이다. 수많은 정보가 폭발하는 빅데이터 시대에 꼭 필요한 능력이다.
창의적 혁신 Creative innovation	창의적인 아이디어들은 비판적 사고에서 탄생한다. 저자들은 창의적으로 혁신하지 않으면 우리 아이들이 자동화와 해외 업무 위탁으로 일자리를 잃게 된다고 강조한다.
자신감 Confidence	자신감은 의지와 끈기로 구성된다. 인내심과 자신감을 기르면 쉽게 포기하지 않고 실패를 극복하게 된다.

을 간과할 수 없다는 점, 실패하거나 부족해도 다시 도전할 수 있는 마인드셋과 의지, 자신감 등이 중요하다는 점에서 6C는 미래 인재의 핵심 역량을 잘 보여줍니다.

표의 역량은 주어진 사항을 다각도로 검토하고 깊이 있게 사고하며

---

[*] 로베르타 골린코프, 캐시 허시-파섹, 김선아 옮김, 《최고의 교육》, 예문아카이브, 2018.

자신의 견해를 만들고, 남들과 함께 의견을 나누고 소통하며 원활히 협력하고, 의지와 끈기를 바탕으로 실패에 굴복하지 않고 용기 있게 도전하는 인재상을 보여줍니다.

이와 같은 미래 인재의 핵심 역량은 두 가지 관점에서 나누어 살펴볼 수 있습니다. 첫째, 어떤 분야에 탁월함이 있는가. 둘째, 그 탁월함을 타인과 소통하고 나누는 친절함이 있는가입니다. 특정 분야에 탁월하다는 것은 깊이 있는 질문을 던지며 스스로 답을 찾아가는 비판적·창의적 사고를 할 수 있다는 것을 뜻합니다. 이 과정에서 창의적 혁신을 경험하며 문제 해결 능력과 비판적 사고력을 키워나갈 수 있습니다. 한편, 친절하다는 것은 타인에게 공감하고, 자신감 있게 소통할 수 있으며, 협력할 수 있는 열린 마음을 가지고 있다는 것을 의미합니다.

이 두 가지는 인공지능과 경쟁하는 인재인가, 공존하는 인재인가를 나누는 큰 기준입니다. 전자는 누군가 제공한 질문에 정답을 찾고자 하는 경우입니다. 기존의 지식들을 바탕으로 정답에 가까운 답을 찾기 위해 노력하는 인재입니다. 후자는 인공지능의 도움을 받아 자신이 만든 질문에 능동적으로 답을 찾는 인재입니다.

탁월함과 친절함을 갖춘 인재
/

탁월함은 개인의 동기에 큰 영향을 받습니다. 스스로 하고 싶은 동기가 생길 때 몰입이 뒤따릅니다. 그렇게 끈기 있게 무언가에 집중해 지속한다면 탁월한 결과에 이르게 됩니다. 어떤 사람은 그림을 좋아해서 온종일 그림을 보아도 질리지 않지만 음악은 지루해합니다. 또 어떤 사람은 그림을 보면 하품부터 나오지만 오케스트라 음악을 들으면 악기 하나하나의 소리를 구분할 수 있습니다. 이들 각자에게 맞는 교육을 제공하는 것이 탁월함을 키우는 방법입니다.

혼자 몰입만 하면 충분할까요? 우리가 하는 대부분의 일이 혼자 탁월해서는 성장하는 데 한계에 부딪힙니다. 타인과 협업하면 더 많은 세상에 나가, 더 큰 기회를 만들 수 있습니다. 이를 위해서는 타인과 진정성 있게 소통할 수 있어야 합니다. 이때 친절함이 필요합니다. 미래 인재의 역량으로 많은 사람들이 탁월함과 더불어 친절함을 꼽는 까닭입니다.

탁월함과 친절함을 개발하기 위해서는 어떤 교육이 필요할까요? 이는 특정 수업을 듣는다고 생기는 능력이 아니라 아이가 스스로 흥미를 느끼고 좋아하는 분야를 공부할 때 개발됩니다. 잘할 수 있고 좋아하는 강점 분야를 찾아서 깊이 몰입할 때 생겨나는 것들입니다. 누가 시켜서 억지로 하는 것이 아니라, 순수하게 그 일에서 즐거움을 느끼는 내재적 동기로 공부하기 때문에 시간 가는 줄 모르고 빠져듭니다. 몰입으로 즐거움이 배가됩니다. 그리고 좀 더 난이도를 높여가며 공부하기에 이런 아이들은 공부의 추월차선을 걷게 됩니다. 자신이 배운 내용으로 새롭게 도전하고 싶어 하고, 끊임없이 성공과 실패를 경험하며,

실패하더라도 재미를 느낍니다.

그렇게 자신만의 경험과 지식이 쌓이면 관점이 비슷한 타인과 나누고 싶어집니다. 비슷한 흥미를 가진 사람들과 함께 협업하고 소통하고 싶어집니다. 타인과 생각을 나누고, 논의하며 더욱 넓은 차원으로 문제를 해결하기도 합니다. 이 과정이 매우 신선하고 재미있습니다. 깊이 애정을 느끼는 분야를 타인과 함께 나눌 때 열과 성이 담깁니다.

탁월함과 친절함은 이렇게 좋아하는 분야를 공부할 때 개발되는 능력입니다. 그리고 좋아하는 분야를 선택한다는 것은 능동적이고 주도적으로 공부를 하는 데 필수이니 어른들이 아이를 교육시킬 때 가장 중요하게 다루어주어야 합니다.

다양성과 잠재력,
고교학점제로
교육의 방향 읽기

2025년, 고교학점제가 시작된다

/

앞서 조금씩 언급했듯이 이번에 개정된 2022년 교육과정에서는 학생 개개인의 맞춤형 교육을 강조합니다. 학생 한 명 한 명에게 각각 다른 학습 경험을 제공하는 것이 목표입니다. 그중에서도 가장 이목을 집중시키는 것은 2025년부터 시행되는 고교학점제입니다.

고교학점제란 기존 대학에서 대학생들이 학교에 개설된 다양한 과목 중 흥미와 전공에 따라 스스로 과목을 선택해 듣고 정해진 학점을 이수하면 학위를 받듯이, 고등학생들도 각자 과목을 선택해 듣고 학점을 이수하면 졸업을 하는 제도입니다. 모두 같은 시간표를 듣고 졸업하던 기존의 방식에서 벗어나 다양한 수업 중에 본인이 선택한 과목들로 고등학교 과정을 공부하게 됩니다.

기존 고등학생들이 배우던 과목들보다 과목의 종류가 확장됩니다. 수업은 단위에서 학점으로 이수 기준도 바뀝니다. 국어, 영어, 수학, 과학처럼 반드시 학습해야 하는 공통 과목과 자신의 진로와 적성에 맞는 다양한 선택 과목들을 조합해 기준 학점을 채워야 졸업할 수 있습니다. 과목 선택부터 학습까지 학생의 자율권이 강화된 것이 특징입니다.

좀 더 자세히 살펴보면 고등학교 1학년 때는 공통 과목*을 이수한 뒤 고등학교 2학년부터는 자신의 진로에 따라 과목을 선택해 수업을 듣습니다. 3년간 총 192학점을 채워야 고등학교를 졸업할 수 있습니다. 만약 3년 내 학점을 이수하지 못하면 졸업이 유예될 수 있습니다. 또한 출석률이 낮거나 최소 점수를 넘기지 못하는 등 이수 요건을 충족시키지 못하면 해당 과목을 이수하지 못하는 경우도 발생할 수 있습니다. 이를 메우기 위해, 대학의 계절학기처럼 보충 이수를 통해 학점 이수를 하는 방안을 마련하고 있습니다.

학교에 출석만 하면 성적에 관계없이 고등학교를 졸업할 수는 있던 과거와 달리, 2025년부터는 정해진 최소 요건을 넘겨야 학점을 받을 수 있으니 그만큼 학업성취도도 높아질 것으로 기대합니다. 또한 학생

---

* 공통국어, 공통수학, 공통영어, 통합사회, 통합과학, 과학탐구실험, 한국사.

개개인의 흥미와 적성에 맞는 다양한 선택 과목을 제공함으로써 수업 참여도와 집중력도 높아질 것입니다. 2022년 기준, 초등학교 6학년 이하는 고교학점제를 적용받습니다.

모두가 다른 시간표, 내신은 어떻게 평가할까

같은 학교, 같은 반 학생들마저 저마다 다른 수업을 들으면 내신 평가는 어떻게 할 수 있을까요? 대입과 관련해 수능도 변화가 생길 것입니다. 2025년 고교학점제 시행에 따라 2028년부터 수능을 비롯한 대입 제도 또한 미래형으로 개편됩니다. 내신의 경우, 공통 과목에 한해 성취평가(절대 평가)와 석차 등급(상대 평가)을 동시에 기록하며 선택 과목은 성취평가(절대 평가)만 기록합니다. 미국, 캐나다, 핀란드 등 여러 국가들처럼 절대 평가의 비중이 높아집니다. 이는 곧 시험을 봐서 등급이나 석차로 줄을 세우는 평가 방식을 지양한다는 뜻입니다.

고교학점제는 학생들의 적극적인 진로 선택을 돕고자 개편한 교육 제도입니다. 그런데 만약 평가 방법과 대입 제도가 함께 변화되지 않는다면 결국 고교학점제를 시행해도 대부분의 학생들이 수능과 대학 진학에 유리한 과목을 선택하게 될 것입니다. 결국 이는 또 다른 입시 전략 중 하나로서의 교육으로 이어집니다. 이와 같은 이유로 교육부는 미래형 평가 체제에 대한 대대적 개편을 예고했습니다. 고교학점제의 방향성에 부합하게 대입 제도를 개편한다는 것입니다.*

평가 방법과 대입 제도 관점에서 예상되는 변화는 다음과 같습니다.

첫째, 국어, 영어, 수학, 과학, 사회 등 공통 과목의 경우, 학습 결손 없이 완전히 이해하고 이수하는 것이 여전히 중요할 것입니다.

둘째, 선택 과목의 확대로 학생들의 교육과정이 매우 다양화될 것이며, 비슷한 적성과 재능을 지니고 같은 진로를 계획한 학생들이 서로 영향력을 주고받으며 경쟁하게 될 것입니다.

셋째, 학생들의 선택에 따라 교육과정이 수없이 다양해지기 때문에 점수와 등급, 등수 등 단일 기준으로 학생의 학업 수준을 변별하기 어려워집니다.(다양한 잠재력을 기른다는 고교학점제의 취지와 내신이나 수능 등 점수에 따라 등급을 줄 세우는 기존의 평가 방식이 상충되기 때문에 2028년도부터는 미래형 평가 체제로 대입 제도가 전면 변화하게 될 것입니다.)

넷째, 서술형, 논술형 평가의 확대로 읽고, 쓰고, 말하고, 토론하는 역량이 매우 중요해질 것입니다.

2022년 개정 교육과정의 핵심은 '학생 개개인의 다양성과 잠재력'을 키우는 것입니다. 학생의 진로와 적성이 현실의 직업과 그물형으로 매

---

* 교육부, 〈2022 개정 교육과정 총론 주요사항〉, 2021. 11. 24.

칭되고 연결될 수 있도록 합니다. 관심과 흥미, 재능을 발견한 인재들이 자기주도적으로 공부해 창의적이고 혁신적인 인재로 자라나게 돕는 것을 목표로 합니다. 고교학점제와 대입 제도의 개편은 이와 같은 변화를 일으키는 가장 중요한 제도적 기반이 될 것입니다.

다만 앞서 언급한 고교학점제의 여러 장점에도 불구하고 현실적인 문제들이 생겨날 수 있습니다. 학교가 작거나 학생이 선택한 과목을 가르칠 교사가 학교에 없는 경우, 소수만 선택한 과목이나 선생님이 희귀한 과목일 경우 아이의 선택이 교육과정에 반영되기 어려울 수 있습니다. 그 경우 학생 스스로 교육기관이나 학교, 온라인 학습 과정을 찾는 노력을 해야 합니다. 예를 들어 어느 학교에 '로봇 공학'을 배우고자 하는 학생이 너무 적다면 그 과목이 개설된 타 학교에 가서 수강을 하거나 온라인 강의를 찾아 이수해야 합니다.

이런 문제들로 인해, 특별한 진로를 선택한 학생들은 자신이 선택한 진로에 특화된 선택 과목들이 잘 개설돼 있는 학교나 특수 교육기관 등을 중학교 때부터 찾아 입학하려고 할 것입니다. 이런 학생들이 몰리는 학교의 경우, 자체적으로 학생들을 선발하기 위한 테스트나 절차를 진행할 수도 있게 됩니다. 다양성을 존중하지만, 여러 영역, 여러 분야, 여러 방법으로 실력 경쟁을 하게 되는 것입니다.

어떤 공부를 할지 설계하고 선택하는 기준

아이들 각자가 자신의 관심사에 따라 배울 과목을 직접 선택한다는 것은 어떤 의미가 있을까요? 실제로 학업 성취도와 관련된 수많은 연구에서 특정 교과에 대한 학생의 정서(흥미, 가치 인식, 자아효능감 등)가 긍정적일수록 학업 성취 수준이 높다는 결과가 관찰됩니다. 특히 특정 분야에 호감이 있으면 창의적이고 융합적인 활동을 할 때 매우 유익하게 작용합니다. 이를 통해 지식을 효율적으로 가르치는 것보다 선행되어야 할 것은, 학생이 흥미를 갖도록 하고 유지시키는 것, 배우고 싶은 마음을 갖게 하는 것, 자율적으로 학습하면서 자신감을 느끼도록 하는 것이라는 점을 알 수 있습니다.

그렇다면 '아이들이 관심을 보이는 영역만 공부시켜야 하느냐?'는 질문이 나올 것 같습니다. 아이들이 사회에 적응하고 살아가기 위해서 기초적으로 배워야 할 상식과 같은 지식이 있습니다. 또한 언어, 수리처럼 다른 교과를 학습하는 데 기초가 되는 도구 교과들도 있습니다. 그런 과목은 공통 과목으로 지정해 학습 결손 없이 모두 배우게 합니다. 그와 동시에 개개인의 탁월성을 발휘시키는 교육은 선택 과목으로 지정해 다양한 미래로 학생들을 안내합니다.

지금 초등학생들에게 주안점을 두어야 하는 부분은 어떤 부분일까요? 첫째, 모든 배움의 기반이 되는 기초 교과 학습을 단단히 합니다. 국어, 영어, 수학과 같은 분야는 어떤 분야, 어떤 진로를 선택하든 기초가 되는 교과입니다. 언어와 수리, 사고력의 기반을 잘 닦아둡니다. 둘째, 다양한 경험과 탐색 속에서 아이의 잠재력을 발견하고, 아이의 강점을 제대로 이해합니다. 관심 분야를 중심으로 직접 경험과 간접 경험을 다양하게 할 시기입니다. 특정 분야에 얽매이지 않고 여러 가지를 탐색해볼 수 있어야 합니다. 아이가 자신에 대해 스스로 이해할 수 있어야 합니다.

이후 중학교 1학년과 3학년, 각 한 학기씩 배분되어 있는 자유학기제를 통해 자기의 강점과 관심사를 토대로 진로를 탐색하며 미래를 계획해야 합니다. 이는 단지 대학 진학을 잘하기 위한 하나의 단계가 아니라, 자신에 대해 이해하고, 재능과 적성을 진로로 연결하고, 향후 직업을 선택하기 위한 탐색적 활동으로서 의미를 갖습니다.

부모는 아이를 가장 가까이서 지켜보는 존재라는 점에서 내 아이의 탁월성을 가장 잘 아는 사람일 겁니다. 다양성과 잠재력은 아이들마다 다르게 지니고 있습니다. 그리고 탁월함은 개개인의 특성과 매우 밀접한 관련이 있습니다. 아이들 저마다 관심과 재능은 다릅니다. 아이들은 발달상 어느 정도 공통적인 특질이 있지만, 세부적으로 비교해보면 어느 것 하나, 같은 점을 찾아보기 어려울 정도로 특별한 개개인성을 보입니다. 그렇기 때문에 어른들이 아이들의 개개인성을 알아봐주고, 관심과 흥미, 그리고 배움에 대한 즐거움을 찾아주는 교육이 필요합니다.

CHAPTER

3

온라인 학습의 확대,
성공하는 아이 vs.
실패하는 아이

온라인상의 방대한 정보들은 교육의 폭을 넓히는 동시에 무엇을 왜 배워야 할지가 정확하지 않다면 길을 잃기 쉽습니다. 특히 '억지로' 공부를 해왔던 수동적인 아이들은 홀린 듯이 온라인 서비스 알고리즘의 유도에 끌려갑니다. 이럴 경우 온라인 활동은 단순한 오락용으로 전락하기 십상입니다. 이 때문에 온라인상에서의 공부는 교사나 부모가 설정한 학습 방향이 뚜렷하고 확고해야만 아이들도 흔들리지 않습니다.

온라인 학습은 아이를 산만하게 만들 수도, 관심 분야를 스스로 마음껏 배우게 도울 수도 있습니다. 이 장에서는 코로나 이후, 온라인 세상이 급격히 확대되면서 우리가 맞이한 변화와 온라인 학습이 어떻게 진화되고 있는지 함께 살펴봅시다.

코로나19, 그 이후

갑자기 다가온 미래

하루 중에 여러분 손에 가장 오랫동안 머무는 물건이 무엇인가요? 대부분 비슷하게 답할 것입니다. 바로 스마트폰입니다. 스마트폰으로 전화를 받거나 메시지만 주고받는 게 아니라, 일상의 모든 일을 처리합니다. 쇼핑도, 은행 업무도 스마트폰을 활용합니다. 책이나 기사를 읽고 청강도 가능합니다. 정보가 필요하면 제일 먼저 스마트폰을 들고 검색합니다. 심지어 회의나 업무 협의 등 중요한 대화도 스마트폰 메시지로 합니다. 스마트폰은 우리에게 24시간 온라인에 접속할 수 있는 세상을 열어주었습니다.

우리 삶에서 온라인의 비중은 계속해서 늘어나고 있습니다. 특히 코로나19로 인해 학교 수업, 업무도 온라인으로 많이 옮겨졌습니다. 타인과 물리적으로 거리가 생긴 만큼 사람들은 관심을 온라인 콘텐츠와 SNS에 쏟아냅니다. 온종일 온라인에 붙잡혀 살고 있다고 해도 과언이 아닐 정도입니다. 이제는 오프라인에서 숨을 쉬고 사는 것만큼 온라인에서도 '잘' 살아야 합니다.

최근 스페이셜spatial 사에서 개발한, 증강현실AR 기술을 활용해 가상 아바타 회의 시스템, 즉 멀리 떨어져 있는 사람을 대신한 아바타들이 같은 공간에 모여 원격 회의하는 모습이 화제가 되었습니다. 마이크로소프트 사에서도 최신 인공지능 기술인 TTSText-To-Speech 기능을 활용해 아바타로 원격 발표를 하며, 외국어를 자동 변환해주는 일명 아바타 홀로그램 기술을 선보였습니다. 굳이 먼 나라까지 비행기를 타고 가서 회의에 참여하지 않아도 되고, 모국어로 이야기해도 상대방이 사용하는 언어로 실시간 통역됩니다. 물론 오프라인에 모여서 대화하는 것만큼 가깝게 느끼지는 못하겠지만, 장소와 시간에 제약이 없어 더 많은 사람들이 쉽게 참여할 수 있다는 이점이 있습니다. 최근 우리나라 회사들에서도 회의를 화상 프로그램이나 메타버스*에서 하곤 합니다. 기술은 이렇듯 우리의 삶을 순식간에 바꾸어놓기도 합니다.

---

* 현실세계와 같은 사회, 경제, 문화 활동이 이루어지는 3차원의 가상세계. (네이버 지식백과 참조) 가상의 공간에 집을 짓기도 하고, 인테리어를 하거나 물건을 판매하고 소개하기도 한다. 현실세계에서 이루어지는 대부분의 일들을 가상세계에서 접할 수 있다.

온라인 세상으로의 필연적인 이동

/

하지만 온라인상에서의 삶이 쉽지만은 않습니다. 잠깐만 확인하지 않아도 여기저기에서 보내오는 알림과 메시지들이 차곡차곡 쌓입니다. SNS에서 돌아가는 세상의 일들과 관계 맺기 역시 쉽지 않습니다. 사람들은 가장 좋은 순간, 가장 멋진 사진들을 편집해 SNS에 공유합니다. 팔로워와 좋아요, 댓글 수가 그 사람의 가치를 대변하는 듯합니다. 다른 이들의 SNS를 보면 다들 멋지고 유능하며 여유롭고 잘사는 것처럼 보이는 반면, 내 현실은 상대적으로 초라하고 작게 느껴지기도 합니다. 끝없이 남과 나를 비교하게 됩니다.

게다가 전 세계 모든 온라인 정보와 서비스는 이용자들을 1초라도 더 머물게 하기 위해 마케팅이라는 다양한 설득의 옷을 입습니다. 짧고 자극적으로 분절되어 시선을 잡아끕니다. 사람의 마음을 훔치는 알고리즘과 우리보다 우리의 마음을 더 잘 읽어내는 인공지능의 노력으로 어른들조차 쉴 새 없이 정보의 바다를 부유하게 됩니다. 그것들은 당신의 삶이 부족하고 불만족스러우며 당신은 아직 지적이지 않고 모르는 것이 많다고 끝없이 이야기합니다. 이처럼 사람들은 온라인에서 유용한 정보도 얻지만 불안과 시간낭비도 얻습니다.

앞으로 우리 아이들은 어른들이 겪어온 온라인상에서의 정보와 관계와 관련해 몇 배는 더 깊은 고통을 겪게 될 것입니다. 이 아이들에게 온라인은 부가적인 세계가 아니라, 오프라인과 동등하거나 때로 오프라인을 뛰어넘는 주 세계이기 때문입니다. 태어날 때부터 디지털 세상에 노출되어 있는 아이들은 어른들 세대 이상으로 온라인상에서의 삶을 중요하게 생각합니다. 온라인에서 왕따를 당하거나, 존재감이 없을까 봐 걱정합니다. SNS로 자기 자신을 드러내고 친구들과 소통해야 합니다.

오프라인만큼이나 온라인 삶의 비중이 커진 이유가 기술 발달 때문만은 아닙니다. 코로나19가 전 세계적으로 확산되면서 전 세계가 동시에 현실의 단절을 온라인상에서의 연결로 대체하며 살아가고 있습니다. 이 상황에 생각보다 빠르고 무섭게 적응하고 있습니다. 코로나19가 끝나도 이와 같은 흐름은 예전으로 다시 돌아가지는 않을 거라고 많은 전문가들은 예측합니다.

이렇게 변화하는 세상을 한쪽은 위기라 칭하고 또 다른 한쪽은 기회로 받아들입니다. 아이들도 마찬가지입니다. 어떤 아이들은 이런 변화를 즐기고, 또 어떤 아이들은 너무 많은 선택 속에서 갈 길을 잃고 맙니다. 어른들이 흔들리지 않아야 우리 아이들이 과도한 정보의 홍수 속에서 휘둘리지 않고 고급 지식을 자유자재로 활용하며, 인공지능과 공존하는 미래의 인재로 성장할 수 있습니다.

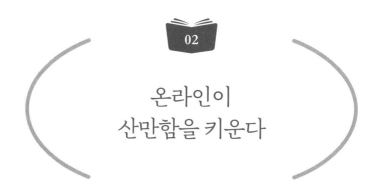

02

온라인이
산만함을 키운다

온라인이 아이에게 도움이 될까?

코로나19가 발생하기 전까지만 해도 온라인상에서 교육 자료를 찾고 구성하는 것만큼은 교사 고유의 영역이었는데 지금은 아이들이 주도하는 온라인 학습 비중이 높아졌습니다. 이러다 보니 혼자서 학습할 수 있는 아이들과 그렇지 못한 아이들 간에 격차는 더욱 벌어집니다. 아마도 앞으로 온라인 학습의 비중은 계속해서 높아질 겁니다.

한편으로 온라인 학습 자체에 의구심이 들기도 합니다. 일부에서는 '온라인 학습이 과연 아이의 공부에 도움이 될까?', '아이의 건강과 뇌를 망치지는 않을까?' 걱정합니다. 그렇다고 온라인 활동을 완전히 차단할 수도 없습니다. 고교학점제가 시행되면 필연적으로 일부 희소 과목은 온라인 수업으로 진행해야 할 것입니다. 또한 교육의 미래에 온라인과 인공지능을 활용하는 개선안이 포함되어 있습니다. 이러한 상황에 어떻게 해야 아이가 온라인과 적정한 거리를 유지할 수 있을지 고민이 됩니다.

사실 어른조차 온라인에서 강의를 들으면 쉽게 산만해집니다. 수시로 스마트폰을 들여다보고, 다른 생각을 하게 됩니다. 이 때문에 감시 없는 온라인 학습이 그다지 효과적이지 않다는 생각도 듭니다. 게다가 온라인에는 유혹이 너무 많습니다. 유튜브로 공부를 한다지만, 공부는 금세 뒷전이 되고 결국에는 아이의 흥미와 눈을 사로잡는 다른 콘텐츠가 화면에 떠 있기 일쑤입니다. 그렇다고 계속 감시하고 억압하는 방식도 한계가 있습니다. 어른들은 아이가 스스로 조절하고 절제하며 하고 싶은 분야의 공부를 찾아나가도록 도와야 합니다. 그런데 말이 쉽지 현실에서 잘 적용되지 않습니다. 왜 혼자 공부하는 것이 어려울까요? 공부가 즐겁지 않기 때문입니다. 그런데 만약 공부가 즐거워진다면 아이는 시키지 않아도 알아서 공부를 할 것입니다.

온라인, 어디까지 허락할까?

몇 시간 동안 스마트폰이나 컴퓨터에 빠져 있는 아이를 보면 마음이 어떤가요? 기분이 좋지 않고 화가 납니다. 스마트폰과 컴퓨터의 폐해를 직감적으로 인지하고 있기 때문입니다. 어른들의 직감처럼 기술이 언제나 유익한 것만은 아닙니다. 정보의 풍요는 다른 것의 빈곤을 의미합니다. 온라인 때문에 우리도 모르게 주의력 결핍이 심화됩니다.

한 실험에 따르면 웹 페이지에 아무리 유익하고 좋은 정보를 많이 담아도 서비스 이용자들이 한 페이지에 머무는 시간에는 큰 차이가 없다고 합니다. 인간의 시선은 짧은 시간 안에 최대한 많은 정보를 습득하기 위해 키워드를 중심으로 재빠르게 웹 페이지를 탐색합니다. 취할 정보와 취하지 않을 정보를 가장 빠르게 찾아내는 방향으로 사고가 전개됩니다. 심사숙고하며 글을 읽고 사유하는 것과는 거리가 멉니다.

또한 인터넷 검색으로 찾는 수많은 정보들은 대부분 분절된 형태로 제공됩니다. 검색의 정확도를 높이기 위해서입니다. 이럴 경우, 하나의 주제에 대해 깊이 있게 이해하기 어렵습니다. 그 지식이 어디에 있는지 알 뿐, 실제로 이해하고 내면화했다고 말하기도 어렵습니다.

한편으로는 컴퓨터를 제2의 뇌로 바라보는 시각도 있습니다. 하지만 창의적이고 비판적인 사고를 하려면 외부에 뇌를 두는 것은 도움이 되지 않습니다. 창의성과 비판적 사고는 특정 대상들에 대한 깊이 있는 이해가 머릿속에서 결합되며 이뤄지는 경우가 많기 때문입니다. 깊이 알아야 탁월해지고 독창적이고 창의적으로 사고할 수 있음은 어찌 보면 당연합니다.

온라인 서비스의 가장 큰 장점은 방대한 정보에 언제 어디서나 빠르고 손쉽게 도달할 수 있다는 것입니다. 하지만 이 정보가 내 삶에 도움이 되는 영양가 있는 지식으로 온전히 이어지기는 매우 어렵습니다. 정보가 내면의 지식으로 쌓이기 위해서는 절대적인 시간이 필요한데, 온라인 서비스는 지식을 소화할 시간을 허락하지 않습니다.

온라인 서비스의 두 가지 목적

일단 온라인에 대해 이해하기 위해서는 온라인 서비스를 만드는 사람들의 목적을 아는 게 중요합니다. 그들의 목적은 딱 두 가지입니다. 첫째는 이용자가 서비스에 최대한 오랫동안 머물도록 하는 것이고, 두 번째는 많은 콘텐츠를 클릭하도록 유도하는 것입니다. 결과적으로 이용자들이 오랫동안 머무르고 다양한 콘텐츠를 끊임없이 클릭하며 재미를 느껴야만 온라인 서비스가 유지되고 이익이 창출됩니다.

IT 미래학자 니콜라스 카Nicholas Carr는 저서 《생각하지 않는 사람들》에서 인터넷이 사람들의 집중을 막는 방해 체계, 즉 '집중력 분산을 위한 기계'라고 말합니다. 그는 사람들이 매일 매력적이고 흥미로운 정보를 받아들이는 대가로 집중과 몰입 그리고 관심의 분화와 생각의 분산이라는 손실을 기꺼이 받아들이고 있다고 꼬집습니다. 특히 스마트폰은 집중력을 납치하는 자극제라고 말합니다.

집중할 대상을 정할 때 네트워크는 네 가지 자극에 우선순위를 둡니다. 즉 새롭거나 예상 밖의 것, 즐겁거나 보람 있는 것, 개인적으로 연관 있는 것, 감정적으로 끌리는 것입니다. 이 자극들은 정확히 스마트폰이 항상 넘쳐나게 제공하는 것들입니다. 때문에 인간은 마치 상습 도박자처럼 중독적으로 스마트폰에 빠져들게 됩니다.[*]

온라인 서비스는 사용자의 클릭을 유도해야 하므로 직관적으로 웹페이지를 설계합니다. 끊임없이 팝업과 링크를 내보내 깊이가 없는 짧은 사고를 유도하며 사고를 분산시킵니다. 이는 결국 이용자들을 산만하게 만들며 잠재적 ADHD가 되도록 합니다. 잠재적으로 주의력이 결핍되고, 시각적으로 자극되는 것들만 추구하는 성향을 유도하는 것입니다.

기술 도구주의, 기술 결정주의

기술을 바라보는 관점에는 두 가지가 있습니다. 첫 번째는 기술이 우리의 통제 아래에 있고, 선택에 따라 활용할 만한 도구로 바라보는 기술 도구주의입니다. 도구는 중립적인 물건이며 활용되는 수단이지 그 자체가 목적이 될 수는 없다는 시각입니다. 두 번째는 기술 결정주의가 있습니다. 기술이 단순히 인간 활동의 보조적인 역할을 넘어서 행

---

[*] 니콜라스 카, 최지향 옮김, 《생각하지 않는 사람들》, 청림출판, 2020, 369쪽.

동과 의미까지 재구성하는 강력한 힘이 된다는 관점입니다.

온라인의 교육 콘텐츠와 교육 도구들은 잘 활용하면 유익한 요소가 많지만 동시에 이에 지배받을 수도 있음을 기억해야 합니다. 온라인 애플리케이션은 단순히 쇼핑을 돕는 도구가 아니라 관계와 삶의 모습을 바꾸기도 합니다. 직접 책을 사러 가는 수고로움을 덜어주는 대신에, 매대를 자율적으로 훑어보며 어떤 책을 읽을지 고민하고 아이의 흥미가 닿는 부분을 관찰하는 시간이 사라지는 것입니다.

온라인 학습이 확장되면 교육이 획일화될 것으로 예상하지만 정반대입니다. 온라인 학습은 학생의 시간과 장소, 학습 수준과 다양한 관심사에 따라 맞춤형 학습을 제공한다는 것이 특징입니다. 즉 학생 각각의 다양성을 지원합니다. 다만 이 다양성을 제대로 지원하기 위해서는 교사와 부모의 역할이 더 중요해집니다. 만약 쉽고 빠르게 배우고 가르칠 수 있다는 이유로 온라인 기술에 모든 것을 맡기고자 한다면, 아이들은 다른 사람과 협력하고 소통하며 문제를 해결해나가는 방법은 배우지 못하게 될 것입니다. 온라인 학습을 아이를 돕는 도구로서 똑똑하게 활용하기 위해서는 부모와 교사의 이해와 설계가 필요합니다. 부모와 교사는 기술에 아이를 맡기고 안심하기보다 아이의 학습과 관심사를 늘 관찰해 온라인 학습의 방향성을 설계하며 아이의 러닝메이트가 되어주어야 합니다.

온라인 학습을 제대로
간파해야 하는 이유

피할 수 없다면 정확히 알아라

최근 온라인에 중독된 아이들의 뇌가 파충류의 뇌와 유사한 형태로 바뀌고 있다는 연구결과들은 많은 사람들을 두렵게 합니다. 온라인 학습은 물론 새로운 기술들도 되도록 피해야겠다는 생각이 드실지도 모르겠습니다.

하지만 앞서 보았듯 온라인에서의 삶을 마냥 피하기는 어렵습니다. 현대의 삶이 행복하지 못하다고 해서 과거에 사냥하고 이동하며 살던 수렵채집인으로 돌아가기가 불가능한 것처럼, 우리는 이미 '도착한 미래' 속에 살고 있습니다. 이제는 걱정에 머물기보다, 잘 공존하는 법을 고민해야 할 때입니다. 이런 현상과 환경, 기술을 이해하고 적절히 조화하고 균형을 맞추며 선택적으로 활용할 방안을 고민하는 방향이 훨씬 더 도움이 됩니다.

그러려면 온라인 학습은 무조건 피해야 하는 것도 아니지만, 절대적이고 완벽한 시스템도 아니라는 점을 어른들이 알아야 합니다. 온라인을 통해 양방향 소통을 할 수 있습니다. 하지만 사람과 사람이 만나 눈을 마주 보며 감정의 전이와 공감을 느끼고, 열정과 신념을 공유하며, 소통하고 협력하는 과정을 완벽하게 대신할 수는 없습니다. 따라서 온라인의 특성과 위력을 이해하고 이를 도구로 활용하기 위해서는 조절과 균형이 필요합니다.

아이에게 온라인 학습을 제공한다 해도 반드시 오프라인 세계 혹은 오프라인 학습과 상호 보완되게 설계해야 합니다. 아이들 개개인의 특성도 고려해서 온라인 학습을 진행해야 합니다. 2부에서 살펴보겠지만 아이들의 흥미와 수준에 따라 다양한 수업 자원을 접목하는 방법은 생각보다 그리 어렵지 않습니다. 어른들이 늘 함께하지 않아도 됩니다. 다만 아이의 흥미를 읽고, 학습의 동기와 학습 효능감을 키워주며, 아이의 속도에 맞게 배워갈 수 있도록 이끌어주는 것이 중요합니다.

온라인 학습의 장점

/

온라인 학습에는 장점이 많습니다. 적절히 현실과 조화를 이루어 잘 활용한다면 아이에게 양질의 학습을 경험시켜줄 수 있습니다.

실재감 넘치는 간접 경험의 확대

첫째, 물리적 한계와 제약으로 쉽게 접하기 어려운 폭넓고 실재적인 경험을 제공합니다. 온라인이 없던 시절 우리에게 대표적인 간접 경험은 독서였습니다. 책을 통해 간접적으로 경험의 폭을 넓힐 수 있었습니다. 온라인은 책이 미처 전해주지 못했던 영상, 소리 등 공감각적 경험까지 제공합니다.

우리는 역사를 글과 사진으로 배웠지만, 아이들은 영상으로, 게임으로 배울 수 있습니다. 방구석에서 유럽을 여행할 수도 있고, 고화질로 세계적인 미술관을 관람할 수도 있습니다. 최근에 아이들이 예전에 비해 공룡에 더 깊이 빠져드는 이유는 공룡이 살아 움직이는 듯한 시각적인 경험이 상상력에 큰 역할을 했기 때문이라고 생각합니다. 아이들은 간접 경험도 생동감이 넘치면 마치 직접 경험처럼 여기고 자신의 상상력을 더해 흥미를 느낍니다.

이제는 손쉽게 수천 년 전으로 돌아갈 수 있으며, 한 번도 가보지 못한 나라를 눈으로 보고 즐길 수 있게 되었습니다. 박물관의 많은 유물들은 3D로 잘 구현되어 여러 각도에서 선명하게 관찰할 수 있습니다.

이 실재적인 경험으로 그간 미처 알지 못했던 다양한 흥미와 재능을 발견하기도 합니다.

선생님, 학교, 시간표 제약 없는 맞춤 학습

둘째, 선생님이나 학교, 시간표라는 제약 없이 아이의 수준과 흥미에 따라 맞춤 학습을 제공할 수 있습니다. 이 부분이 온라인 학습을 제대로 활용했을 때 가장 큰 강점으로 작용할 것입니다. 교실에서는 때로 이미 다 이해한 아이들이 있음에도 수업을 하기도 하고, 전혀 이해하지 못한 아이들이 있음에도 일단 다음 장으로 넘어가야 합니다. 반면에 온라인 학습은 학습 데이터를 분석해 아이의 수준에 맞는 교육을 진행할 수 있습니다. 아이가 흥미에 맞는 콘텐츠를 더 찾아볼 수도 있습니다. 스스로 짠 시간표에 맞춰 학습을 진행할 수도 있습니다.

빅데이터 덕에 맞춤형 학습이 갈수록 발달하고 있습니다. 2022년 개정 교육과정에는 빅데이터와 인공지능을 통해 맞춤형 학습을 제공하고자 합니다. 빅데이터는 아이들에게 맞춤형 학습을 설계하고 아이의 장점과 잠재력을 살펴볼 수 있게 돕습니다. 완전히 새로운 장점을 발견해주기도 합니다. 아이가 어떤 영역에 관심을 보이는지, 어떤 잠재력이 있는지 발견하는 안목을 제공해주기도 합니다. 특정 분야에 탁월한 성취를 보이는 아이라면 방 안에 앉아 무크에서 제공하는 세계적 수준의 대학 강의도 들을 수 있습니다.

아마추어의 메이커 경험

온라인 학습의 세 번째 장점은 아이들을 실제 생산해보는 즐거움으로 이끌 수 있다는 것입니다. 권위 있는 전문가가 아니더라도 메이커(생산자)가 되는 경험을 해볼 수 있습니다. 과거와 달리 이제는 누구나 콘텐츠 생산이 가능합니다. 그래서 참고할 만한 수많은 자료가 넘쳐납니다. 온라인으로 접할 수 있는 다양한 아이디어들은 새로운 글이나 그림, 작품, 콘텐츠 등을 쉽게 재생산할 수 있도록 도와줍니다.

온라인 속 메이커들은 초보자부터 전문가까지 스펙트럼이 매우 다양합니다. 아이는 자기 또래들이 메이커가 되어 다양한 도전을 하는 것을 보고, 쉽게 도전하고 실패할 용기를 얻습니다. 만약 온라인에 전문가들만 넘쳐난다면 감히 새로운 것에 도전하기도 어렵고 질문하기도 힘들며 그저 제공해주는 정보를 따라가기에 급급할 것입니다. 하지만 온라인에는 아마추어들이 넘쳐납니다. 아이들도 자기가 하고 싶은 일에 쉽게 도전할 수 있습니다.

온라인 세계에서 양질의 콘텐츠를 소비할 뿐 아니라 자신만의 아이디어로 메이커가 되어 생산활동에 참여해보는 경험을 할 수 있게 이끌어주시기 바랍니다. 아이들의 재능을 탁월하게 해줄 뿐 아니라, 새로운 경험, 새로운 분야의 공부에 재미를 느낄 수 있도록 도와줍니다. 이른바 '즐거운 공부'라는 경험을 선사하는 것입니다.

[Q&A]
온라인에 중독되는 아이들

Q 온종일 컴퓨터 앞에 앉아 있는 아이. 스마트폰을 들여다보며 아무런 대답도 하지 않습니다. 온라인 중독, 어떻게 바라보아야 할까요?

A 초등학생만 되어도 아이들에게는 온라인에서의 세상이 너무나 자연스러워집니다. 온라인은 어찌 보면 아이들의 또 다른 현실 세계입니다. 그곳에 친구가 있고, 좋아하는 스타가 있고, 관심 분야의 콘텐츠들이 있기 때문입니다. 온라인에 접속해야만 살아 있다는 느낌을 받기도 합니다.

이미 컴퓨터나 스마트폰에 중독되어 있는 아이에게 강압적으로 그것을 빼앗는다고 해서 문제가 해결되지 않습니다. 걱정스러우셔도 아이들의 세상이 온라인을 중심으로 돌아가고 있다는 점을 이해해주실 필요가 있습니다. 조절 능력은 반드시 필요하지만 컴퓨터나 스마트폰이라는 매개만으로 아이들을 나무라는 것은 다시 생각해보았으면 합니다. 한번쯤은 그런 아이를 관심 있게 살펴봐주시기 바랍니다. 아이가 왜, 무엇을 보고 싶어서 컴퓨터와 스마트폰만 들여다보고 있는지 동기를 잘 관찰하는 것입니다. 그러면 아이의 관심사와 흥미를 실제 생활에서도 이어나가도록 도울 수 있습니다.

스마트폰 과의존 아이, 어떻게 하면 좋을까?

한국지능정보사회진흥원이 조사한 '2020 스마트폰 과의존 실태조사' 결과에 따르면 우리나라 전체 스마트폰 이용자 중 과의존 위험군은 23.3%로 전년 대비 3.3%가 증가했습니다. 유아동기 과의존 위험군은 지속적으로 높은 상승폭을 유지하고 있으며, 특히 청소년(만10~19세)의 스마트폰 과의존 위험군이 35.8%로 가장 높게 나타났습니다.

스마트폰 과위험군의 아이들은 사회적 관계에서 오는 즐거움이 현저히 낮은 것으로 조사됩니다. 여가시간에도 스마트폰을 하기 때문에 다른 활동들이 제한됩니다. 스마트폰을 절제하기 위해 스스로의 노력도 중요하지만 아이가 이미 스마트폰에 중독되었다면 스스로 조절하기는 어려울 겁니다. 이럴 경우 부모가 적절히 개입할 필요가 있습니다. 먼저 자녀와 대화를 해보고, 스스로 점검할 수 있는 기회를 준 뒤 적절한 스마트폰의 이용 시간 등에 대해 상의해봅니다. 또한 스마트폰 사용 시간을 설정할 수 있는 자녀 관리 애플리케이션을 활용할 수 있습니다. 자녀와 함께 충분한 대화를 통해서 앱에서 허용하는 여러 설정들을 활용해보시기를 바랍니다.

안드로이드 기반 스마트폰의 경우는 구글에서 제공하는 패밀리 링크 애플리케이션Google Family Link을 활용할 수 있으며, 아이폰의 경우 스크린 타임을 활용할 수 있습니다. 패밀리 링크 애플리케이션에서는 스마트폰 시간 제한 및 사용 가능 시간을 설정할 수 있습니다. 또한 자녀의 위치 확인도 가능합니다. 어떤 애플리케이션을 얼마나 사용했는지, 어떤 사이트에 접속을 했는지 확인할 수 있습니다. 스크린 타임 애플리케이션에서는 각각의 애플리케이션 별로 사용 시간을 제한할 수 있습니다. 게임이나 소셜 네트워킹 시간을 요일, 시간으로 제한할 수 있습니다. 하지만 부모가 볼 수 없는 정보, 할 수 없는 작업이 있습니다. 원격으로 내용 보기, 검색 기록 보기, 크롬 브라우징 기록 보기, 비밀번호 보기 및 재설정, 이메일 또는 메시지 읽기, 통화 내용 듣기, 기기 잠금 해지하기, 기기 또는 데이터 삭제처럼 청소년의 인권을 침해할 수 있는 부분은 불가능합니다.

자녀 관리 앱을 통해 할 수 있는 권한과 할 수 없는 권한에 대해서 충분히 대화를 나누시고, 최소한 지켜야 할 스마트폰 이용 시간 등을 상의해보시기 바랍니다. 그리고 자녀가 좋아하는 앱이나 게임, 웹사이트에 대해서 함께 공유를 하며 이야기를 하고, 아이의 의견을 충분히 반영하여 온라인 접근에 대한 규칙을 만들어보세요. 아이가 스마트폰을 처음 갖게 되었을 때, 이와 같은 애플리케이션을 미리 알고 적용해본다면 더욱 좋을 것입니다.

스마트폰 과의존 실태조사 문항*

아이가 스마트폰 과의존은 아닌지 아래의 문항을 통해 중독 여부를 확인해보세요.

☑ 유아동(만3~9세) 스마트폰 과의존 척도(관찰자용)

요인	항목	전혀 그렇지 않다	그렇지 않다	그렇다	매우 그렇다
조절 실패 **	스마트폰 이용에 대한 부모의 지도를 잘 따른다.	①	②	③	④
	정해진 이용 시간에 맞춰 스마트폰 이용을 잘 마무리 한다.	①	②	③	④
	이용 중인 스마트폰을 빼앗지 않아도 스스로 그만둔다.	①	②	③	④
현저성 ***	항상 스마트폰을 가지고 놀고 싶어 한다.	①	②	③	④
	다른 어떤 것보다 스마트폰을 갖고 노는 것을 좋아한다.	①	②	③	④
	하루에도 수시로 스마트폰을 이용하려 한다.	①	②	③	④
문제적 결과 ****	스마트폰 이용 때문에 아이와 자주 싸운다.	①	②	③	④
	스마트폰을 하느라 다른 놀이나 학습에 지장이 있다.	①	②	③	④
	스마트폰 이용으로 인해 시력이나 자세가 안 좋아진다.	①	②	③	④

※ **고위험군** 28점 이상, **잠재적 위험군** 27~24점

---

* 한국지능정보사회진흥원, 〈2020 스마트폰 과의존 실태조사〉, 2021, 9~10쪽 참조.

** 조절 실패self-control failure : 이용자의 주관적 목표 대비 스마트폰 이용에 대한 자율적 조절 능력이 떨어지는 것.

*** 현저성salience : 개인의 삶에서 스마트폰을 이용하는 생활 패턴이 다른 형태보다 두드러지고 가장 중요한 활동이 되는 것.

**** 문제적 결과serious consequences : 스마트폰 이용으로 인한 신체적, 심리적, 사회적으로 부정적인 결과를 경험했음에도 스마트폰을 지속적으로 이용하는 것.

✅ **청소년, 성인, 고령층 스마트폰 과의존 척도**

요인	항목	전혀 그렇지 않다	그렇지 않다	그렇다	매우 그렇다
조절 실패	스마트폰 이용시간을 줄이려 할 때마다 실패한다.	①	②	③	④
	스마트폰 이용시간을 조절하는 것이 어렵다.	①	②	③	④
	적절한 스마트폰 이용시간을 지키는 것이 어렵다.	①	②	③	④
현저성	스마트폰이 옆에 있으면 다른 일에 집중하기 어렵다.	①	②	③	④
	스마트폰 생각이 머리에서 떠나지 않는다.	①	②	③	④
	스마트폰을 이용하고 싶은 충동을 강하게 느낀다.	①	②	③	④
문제적 결과	스마트폰 이용으로 건강에 문제가 생긴 적이 있다.	①	②	③	④
	스마트폰 이용 때문에 가족과 심하게 다툰 적이 있다.	①	②	③	④
	스마트폰 이용 때문에 친구 혹은 동료, 사회적 관계에서 심한 갈등을 경험한 적이 있다.	①	②	③	④
	스마트폰 때문에 업무(학업 혹은 직업 등) 수행에 어려움이 있다.	①	②	③	④

※ 청소년(만 10~19세) **고위험군** 31점 이상, **잠재적 위험군** 30~23점
※ 성인(만 20~59세) **고위험군** 29점 이상, **잠재적 위험군** 28~24점
※ 60대(만 60~69세) **고위험군** 28점 이상, **잠재적 위험군** 27~24점

온라인으로 숨고 싶은 아이들, 온라인 세상이 주는 자율감

아이들이 온라인 세상에 빠져 있다고 해서 현실 세계를 부정하는 것은 아닙니다. 그저 현실이 마음에 들지 않아 온라인 세상을 선택하기도 합니다. 어떻게 할 수 없는 무력감을 온라인에서 풀고 있는 것입니다. 아이들

도 가까운 가족에게 인정받고 싶고, 친구들과 함께하고 싶어 합니다. 학교 공부도 잘해서 선생님께 칭찬받고 싶습니다. 하지만 쉽지 않습니다.

요즘 아이들은 최고에 너무 익숙해져 있습니다. 어떤 매체에서든지 최고의 결과물들을 보기 때문에 늘 자신은 모자라게 느껴집니다. 그리고 부모와 선생님으로부터 은연중에 부족하다는 느낌을 받기도 합니다. 그렇게 아이들에게 결핍이 생겨납니다.

반면에 온라인상에서는 왕처럼 뭐든 선택할 수 있고 표현할 수 있습니다. 이용하고 싶은 서비스를 스스로 고르고, 보고 싶은 기사만 접할 수 있습니다. 오프라인에서는 한없이 무능한 자신이 온라인에서는 전지전능하게 느껴집니다. 특히 게임은 시간만 투자하면 레벨이 상승하고, 아이템을 구입하면 바로 피드백이 옵니다. 노력이 눈앞에 보이는 결과로 보답을 합니다.

이처럼 오프라인에서의 관계에 만족도가 떨어지면, 아이들은 더욱 온라인 세상으로 눈을 돌리고 그 안에서 평온함을 느낍니다. 오프라인에서 욕구가 충족되지 않을 경우, 온라인에서 자신의 존재를 확인하고 싶어 합니다. 구속이나 평가에서 벗어나 잠시나마 또 다른 나로 존재할 수 있는 곳이기 때문입니다. 즉 현실에서의 불편과 불안, 스트레스를 해결하기 위해 한 번의 클릭이나 댓글, 좋아요로 피드백을 받을 수 있는 온라인 세상으로 도피하는 경우도 종종 있다는 뜻입니다.

회피하려고 온라인 세상을 택한 아이는 게임이나 유튜브를 보면서도 끊임없이 불안을 느낄 것입니다. 정작 추구하고 싶은 목적과 일이 있음에도 온라인 세상을 도피처 삼아 숨는 것이기에 더 큰 괴로움이 수반됩니다. 아이의 그 마음을 읽기 위해서는 왜 게임이나 영상에 집착하는지 이해해 보려는 노력이 필요합니다.

　게임에 중독된 아이에게도 꿈이 있습니다. 다만 자기는 이룰 수 없는 사람, 할 수 없는 사람이라는 '무능'의 시선을 오랫동안 받아왔기에 즉각적인 보상을 제공하는 게임에 심취해 있을 뿐입니다. 아이들은 자율적으로 스스로 선택해서 성장하기를 바랍니다. 이는 부모의 바람 같지만 사실은 아이들이 가장 원하는 바입니다. 그리고 그 유능함을 바탕으로 남들에게 중요한 사람이 되고 싶어 하죠. 설사 뚜렷한 재능이 없더라도 가족에게만큼은 소중한 사람이 되고 싶어 합니다.

　오프라인에서 아이의 관심사에 좀 더 관심을 기울여주시기 바랍니다. 아이가 잘하고, 배우고자 하는 분야를 공부할 수 있도록 도와주세요. 아이가 스스로 유능하다고 느낄 만한 아주 작은 분야를 안내해주세요. 게임을 좋아한다면 게임을 만들 기회를 주는 것도 방법입니다. 자신이 유능하다는 생각이 들기 시작하면 마음을 열고 입을 열어 자신의 이야기를 하고 싶어 할 것입니다. 이때 아이의 말을 들어주세요. 관련 경험을 공유하고 대화를 나눈다면 아이는 식탁에 앉아서 부모와 함께 책을 읽거나, 온라인에 접속해 여러 가지 서비스와 콘텐츠를 시청하더라도 부모에게 자기의 생각을 전할 것입니다. 아이에게 작은 칭찬과 환호를 보내세요. 아이가 하는 일이 정말 중요하다고 느껴질 수 있도록 말입니다.

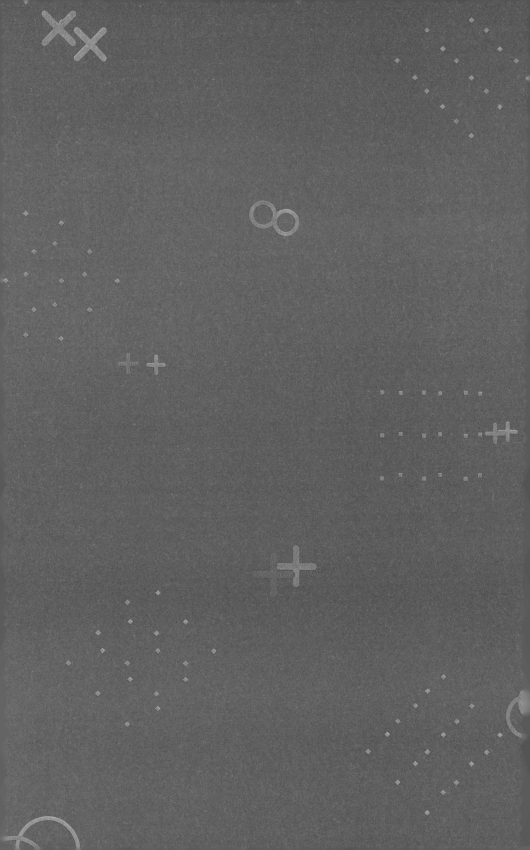

PART

2

온라인 학습과
새로운 성공 공식

CHAPTER

4

공부의 추월차선과
세 가지 원칙

목적과 관심사가 분명해야 주도적인 학습을 할 수 있습니다. 온라인 학습 역시 어느 정도 성취하고자 하는 목표가 분명해야 의미 있고 유익하게 활용할 수 있습니다. 또한 온라인 학습 하나만으로 완전학습이 이뤄지기는 어렵습니다. 온라인 학습은 오프라인상의 활동과 맞물려 완전학습을 촉진하는 매개가 되어야 합니다. 온라인 학습에서 습득한 지식을 어떻게 내면화하여 실제 문제에 활용할지가 더 중요하기 때문입니다. 아이들이 실제 경험으로 부딪치고 성장하면서 진짜 실력을 쌓아나아갈 수 있도록 AI, VR 같은 각종 기술들을 접목하려는 시도가 이뤄지고 있습니다.

이 장에서는 자신만의 질문에서 시작해 공부의 추월차선을 걷게 된 사례를 바탕으로 온라인 학습을 어떻게 실제 경험과 연결할 수 있으며, 진짜 실력을 쌓는 도구로서 활용할 수 있는지 살펴보고자 합니다.

공부의
추월차선이 열리다

공부를 놀이로 느끼는 아이

전주의 한 일반 중학교에 다니는 반딧불 학생은 2019년 전국 청소년 프로그래밍 대회에서 대상을 수상했습니다. 역대 대상 수상자가 모두 과학고 재학생이었다는 점을 감안하면 일반 중학교에 다니는 반딧불 학생의 수상은 놀라운 성과였습니다.[*] 이 학생은 초등학교 3학년 때 처음으로 코딩을 접한 뒤 밤을 새울 정도로 푹 빠졌다고 합니다. 이 학생에게 코딩은 공부라기보다는 하나의 신나는 놀이라는 표현이 더 어울립니다.

---

[*] 중앙일보, 〈코딩대회 우승한 중2 '코딩 영재', 과학고 형들보다 뛰어났다〉, 2019. 10. 28.

반딧불 군은 코드포스라는 알고리즘 대회 사이트에서 코딩 실력을 쌓았습니다. 코드포스는 세계에서 가장 유명한 알고리즘 대회 사이트 가운데 하나로, 매주 1회 이상 대회가 열리며, 성적에 따라 순위가 판정됩니다. 세계적으로 자신의 코딩 실력이 어느 정도인지 판단할 수 있죠. 사이트에는 앞으로 열릴 대회 정보도 얻을 수 있습니다. 난이도가 낮은 것부터 높은 순서로 나열되어 있어 자기 수준에 맞춰 도전할 수 있습니다. 코딩을 좋아하는 전 세계 프로그래머들의 놀이터인 셈입니다. 세계 각국의 프로그래머들이 서로 문제를 출제하고 풀고 순위를 매기고 더 높은 난이도에 도전하며 경쟁합니다. 반딧불 군은 코딩 문제를 풀다 막힐 때마다 온라인 검색으로 해결 방법을 찾아냈습니다. 물론 전문적인 기관의 도움도 받긴 했지만, 코딩을 배워야 할 대상, 해야 할 숙제로 여기지는 않았습니다.

이 사례에서 중요하게 바라볼 점은 온라인 학습을 활용한 '독학'이 아닙니다. 독학은 원리라기보다는 방법일 뿐입니다. 중요한 지점은 반딧불 군이 경험한 코딩 학습의 시작점입니다. 이 학생은 코딩을 놀이처럼 생각했고 자발적으로 실력을 쌓았습니다. 만약 이처럼 아이 스스로 흥미를 느껴 자발적으로 학습이 시작된다면 아이는 이를 공부가 아닌 놀이처럼 느낍니다. 어른들의 역할이 바로 여기에 있습니다.

공부가 과업이 될 때의 부작용

/

한 아이를 공부시킬 때 많은 경우 다음과 같은 단계를 거칩니다. 먼저 아이가 배워야 할 주요 과목들 중에서 아이에게 취약한 과목이 무엇인지 찾습니다. 그 후 그 과목을 학습시킬 방법을 찾습니다. 부모의 경우 집이나 학교 주변의 좋은 학원을 알아보고 아이를 맡깁니다. 즉 믿을 만한 추가 교육기관을 찾습니다. 온라인 학습을 선택할 때도 비슷합니다.

이 경우 아이의 학습 시작점이 '동기'보다는 해야 할 '과업'에 놓입니다. 아이는 배우고 싶거나 흥미로운 일에 도전하는 것이 아니라 수동적으로 과업에 임하게 됩니다. 만약 아이가 잘 받아들인다면 다행이지만 부작용이 생길 수 있습니다. 점차 관심사가 사라지고 능동적인 학습도 불가능해지는 것입니다. 부모 또는 선생님, 친구들에게 인정받기 위해 억지로 참고 공부합니다.

이와 같은 방법이 모든 학생에게 무조건 나쁜 건 아닙니다. 이 과정에서 적성을 찾는 학생들도 있기 때문입니다. 평소에 영어나 수학, 과학, 책 읽기 등을 좋아하는 학생들, 즉 학교에서 중요하게 다루는 과목에 대한 학습 능력이 우수한 학생들입니다. 반대로 다른 분야에 재능이 있는 아이들은 이 과정에서 계속해서 뒤처질 수 있습니다. 상대적으로 열등하다는 암시를 계속 받으면 점차 자신감을 잃게 됩니다. 이 경우 아이들에게 공부란 '힘들고 어려운 것, 억지로 해야 하는 것'이 됩니다. 아이들에게는 단 한 번만이라도 자신이 자신감을 가지고 도전할 수 있는 재미있는 공부가 필요합니다.

그렇다면 공부가 적성에 맞는 아이들에게는 문제 풀이를 반복하는 학원이 긍정적인 영향을 줄까요? 안타깝게도 마냥 그렇다고 말하긴 어렵습니다. 학교에서 배우는 과목과 적성이 맞아떨어지는 경우, 학원이나 과외가 성적을 올리는 데는 도움이 될 것입니다. 그러나 단순히 점수를 잘 받기 위한 훈련에 치중하다 보면, 앞으로 사회가 요구하는 창의력이나 문제 해결 능력을 키우는 데는 소홀해질 가능성이 큽니다. 또한 이처럼 문제를 푸는 공부가 중심이 되면, 아이는 실생활에 활용하기 어려운 지식을 주로 배우게 됩니다. 이 결과 아이에게 공부란 잘할 수 있는 것이기는 하지만 재미는 없는, 인내의 영역이 되기는 마찬가지입니다.

관심과 흥미가 결과로 이어지는 시대

2020년 미국 주간지 〈타임〉은 '올해의 어린이'로 미국 콜로라도주 출신의 인도계 미국 소녀 15세 기탄잘리 라오Gitanjali Rao를 선정했습니다. 라오는 고등학생이자 AI과학자로, 〈타임〉이 선정한 최연소 '올해의 인물'입니다. 이 소녀는 어떻게 어린 나이에 AI과학자가 된 것일까요?

2014년, 라오가 살았던 미국 미시간주 플린트시에서 10만 명이 넘는 주민이 납 중독에 걸리는 사건이 일어났습니다. 수도관이 부식되면서 수돗물에 납 성분이 섞인 것이 원인이었고, 국가 비상사태가 선포될 정도로 심각한 위기로 번졌습니다. 당시 9세였던 라오는 뉴스를 보고 잠을 이루지 못했습니다. 그리고 수질 위기를 극복하기 위해 무엇이든 하자고 결심합니다. 이후 여러 연구를 거듭한 끝에 12세에 식용수 속 납을 검출할 수 있는 기기를 개발했습니다. 바로 탄소나노튜브를 이용하여 물속의 납 성분을 감지하는 장치 '테티스'입니다.

이 발명 이후 라오는 세상에서 발견한 여러 문제를 해결하기 위해 연구와 실패를 거듭하며 마약 중독 여부를 진단할 수 있는 기기인 에피온, AI기술을 기반으로 사이버 괴롭힘 조짐을 조기 감지할 수 있는 애플리케이션 카인들리kindly를 개발했습니다.

그는 자신이 저술한 책《기탄잘리, 나는 이기고 싶어》에서 "학교 수업을 열심히 듣고, 시험에서 만점을 받는 것만이 전부는 아니야. 우리한테 진짜 필요한 교육은 문제를 직접 해결하는 방법이 아닐까? 물론 실패도 얼마든지 허용되어야겠지. 그러니까 나와 함께 도전해서 변화를 만들어보자"고 이야기합니다.* 목표에 한계를 정하는 게 아니라, 한계가 없다고 믿고 끊임없이 가능성을 넓혀 나가자고 제안합니다. 한계를 두지 않고, 가능성을 향해 끊임없이 넓혀가며 그 과정 안에서 수많은 실패가 있더라도 몇 번이고 도전할 수 있다는 자신감을 어떻게 아이들에게 심어줄 수 있을까요? 바로 아이들이 스스로의 관심과 흥미, 동

---

* 기탄잘리 라오, 조영학 옮김,《기탄잘리, 나는 이기고 싶어》, 동아시아사이언스, 2021.

기에 따라 자발적으로 공부하는 경험이 그 시작점이 될 수 있습니다.

앞서 이야기한 반딧불 학생과 라오의 사례처럼 공부의 추월차선에 올라타는 아이들이 많이 등장하고 있습니다. 영재를 다루는 프로그램을 보면, 매주 새로운 특별한 아이들이 출연합니다. 주변에서 흔하게 접하기 어려운 제2외국어를 자유자재로 구사하는 아이들이 있는가 하면, 어른들은 잘 이해도 못 하는 자율주행 자동차 기술에 빠진 아이들도 있습니다. 이 아이들의 뛰어난 성과는 단지 IQ 검사 등으로 평가되는 지능 때문이 아닙니다. 물론 어느 정도 지능도 작용하겠지만 지능이 높은 모든 아이가 공부의 추월차선을 걷는 것은 아닙니다.

공부의 추월차선을 타는 아이들의 경우, 뛰어난 지능이 탁월한 결과로 이어졌다기보다는 관심 분야를 파고들다가 문제에 부딪히고 그걸 해결하기 위해 집중하다 보니 탁월한 결과를 낸 경우가 많습니다. 내면에서 촉발된 강력한 호기심을 해결하기 위해 아이들은 온라인의 자원들을 자신만의 목적에 따라 꿰어내고 응용합니다. 어려운 논문이나 영상을 보며 놀이처럼 학습하죠.

온라인으로 공부의 추월차선을 달리는 아이들은 흩어진 대량의 정보에 무분별하고 산만하게 이끌려가는 것이 아니라, 자신이 정의한 문제를 해결하기 위해 선택적으로 집중하며 문제에 응용하는 경향을 보입니다. 온라인 환경의 단점인 산만함에 휘둘리지 않고 관심 분야를 끝없이 파고듭니다.

공부의 추월차선에 오르는
세 가지 원칙

제1원칙.
아이의 재능과 동기를 발견하라

앞으로 세상은 공부의 추월차선에 오르는 아이가 성공 가도를 달릴 것이 자명합니다. IT 기반으로 산업의 중심이 변화하면서 사람들에게 요구되는 능력도 빠른 속도로 발전합니다. 스스로 흥미와 문제를 찾아 공부할 수 있는 아이, 끊임없이 실패하고 새롭게 도전하며 협업할 수 있는 아이가 세상에 더 빠르게 적응하게 됩니다. 이때 아이를 공부의 추월차선에 오르게 하기 위해서는 세 가지 원칙이 요구됩니다.

첫째, 아이의 재능을 발견해야 하고, 스스로 공부하고자 하는 동기가 출발점이 되어야 합니다. 앞서 이야기한 기탄잘리는 자신을 둘러싼 세상의 여러 문제들에 큰 관심을 보였습니다. 그리고 그 관심을 해결해야 할 과제, 즉 질문으로 발전시켰습니다. 여러 시행착오를 계속하며 혁신적인 해결점을 찾고자 노력했습니다. 앞선 사례에서 반딧불 학생 역시 공부의 시작점은 관심과 흥미였습니다. 코딩으로 다양한 프로그램들을 자발적으로 만들고 실패하고 수정하며 결과물을 공유했습니다.

어른들의 역할은 아이들이 재능이나 관심이 쏠리는 분야를 발견할 수 있게 돕는 것입니다. 그러기 위해서는 공부에 대한 편견을 조금은 접어두어야 합니다. 흔히들 공부라고 생각하는 국어, 수학, 과학, 영어 등으로 좁게 생각하는 것이 아니라, 아이의 관심이나 세상에 대한 질문을 아직 싹 틔우지 않은 씨앗을 바라보는 눈으로 관찰하는 것입니다. 대단한 재능이나 세상을 혁신하는 커다란 질문이 아니라도 괜찮습니다. 아이의 재능은 부엌, 교실, 놀이터, 도서관, 도로 등 다양한 곳에서 발견될 수 있습니다.

아이의 재능을 발견했다면, 아이가 스스로 학습하고자 하는 동기를 가질 수 있도록 도와줘야 합니다. 그러기 위해서는 조급함보다는 아이가 관심을 보이는 부분에 함께 반응하고 공감하는 지혜가 필요합니다. 어떻게 하면 아이의 재능과 동기를 확장시켜줄지 고민해보아야 합니다. 만약 아이에게 큰 의미를 둘 만한 경험을 제공한다면 더할 나위 없이 좋을 것입니다.

원칙 2.
아이에게 잊지 못할 실체적 경험을 제공하라

/

책이나 모니터 속에서만 경험한 지식은 완전하게 내 것으로 만들기 쉽지 않습니다. 헬리콥터를 텔레비전으로만 보는 것과 직접 가까이에서 느껴본다는 건 분명히 다른 경험입니다. 옷에 관심이 많은 아이에게 옷을 많이 보여주기보다 직접 만들 기회를 주고, 음악을 좋아하는 아이에게 들려주기만 하는 것보다 작곡이나 작사를 경험시켜보면 더 깊은 공부가 됩니다. 불을 궁금해하는 아이에게 가까이에서 관찰하고 함께 불을 피워보는 경험을 제공하면 더욱 흥미가 커집니다.

저희 아이는 아주 어려서부터 수를 좋아했습니다. 숫자를 좋아하는 아이는 많지만, 저희 아이가 수를 알아가는 방식은 좀 독특합니다. 일반적으로 수에 관심이 생기면 1부터 10까지 익히고, 100, 200으로 수 읽기를 확장합니다. 그다음 가르기나 모으기를 익히고 덧셈, 뺄셈으로 확장을 한 뒤 곱셈, 나눗셈 등을 합니다. 수학은 개념을 쌓는 게 중요하기에 순차적으로 학습하는 것이 일반적입니다. 그런데 저희 아이는 숫자만 좋아하고 셈에는 관심이 없었습니다. 그보다는 같은 숫자를 여러 국가의 언어로 읽고 싶어 했습니다.

아이의 관심을 알아차린 저는 실험적으로 아이에게 온라인 학습을 적용해보기로 했습니다. 그때 아이 나이가 5세로 어렸기 때문에 제한적으로 시도했죠. 수에 관한 유튜브 영상을 활용했습니다. 먼저 영어,

중국어, 일본어 영상부터 틀어주었습니다. 숫자는 규칙적이어서 10까지 알면 그다음 수도 어렵지 않게 배울 수 있습니다. 다른 언어로 수를 배우는 것 역시 규칙이 있다 보니 그리 어렵게 느끼지 않는 듯했습니다. 아이는 곧 중국어로 100까지 읽게 되었고, 일본어는 몇몇 규칙이 독특한 숫자 외에는 자유롭게 읽었습니다. 영어로는 1trillion(1조)까지 읽을 수 있게 되었습니다. 독일어와 이탈리아어로 숫자 읽기에도 관심을 보였습니다. 어찌나 숫자 세기를 반복적으로 듣는지 잘 때도 숫자를 듣고, 깨어서도 끊임없이 숫자만 셌습니다. 저로서는 신기할 따름이었습니다. 저게 왜 재미있을까 생각했습니다.

여러 나라의 언어로 숫자를 충분히 읽게 된 뒤에는 덧셈과 뺄셈, 나눗셈과 곱셈을 알고 싶어 했습니다. 그래서 유튜브에서 넘버블럭스라는 BBC의 유명한 만화영화를 접하게 해주었습니다. 이 만화는 레벨에 맞춰 재미있게, 여러 가지 방식으로 수 개념을 익히는 데 도움을 줍니다. 그리고 꾸그Gguge라는 온라인 라이브스쿨에서 실시간 화상 수업으로 넘버블럭스를 영어로 가르쳐주는 수업도 함께 들었습니다. 아이는 자신이 좋아하는 분야를 강의로 접하는 터라 매우 흥미롭게 화상수업에 참여했습니다. 그리고 숫자를 영어로 익히는 게 자연스러워지니, 칸 아카데미라는 미국 온라인 학습 서비스를 이용할 수 있었습니다. 초등 수학을 재미있게 배울 수 있는 이 앱을 활용했습니다.

아이는 자연스럽게 더하고 빼고 곱하고 나누는 개념들을 습득했고, 분수와 소수, 미지수가 들어 있는 방정식도 배우기 시작했습니다. 계산기를 끼고 다니면서 스스로 문제를 내고 풀어본 뒤 계산기로 자기가 맞게 풀었는지 확인하곤 했습니다. 자석 블록과 수 블록으로 배운 내용을 스스로 반복해서 복습하기도 했습니다. 제가 칠판에 매일 몇 문제를 적어두면 아침저녁으로 그 문제에 대한 답을 적고 어떻게 풀었는지 신이 나서 설명을 했습니다. 자세히 관찰해보니 저희 아이는 절차적인 사고를 하는 데 뛰어나고 논리적인 편이었습니다. 실생활에서 옷을 입거나 밥을 먹는 것 같은 평범한 일도 절차적으로 설명해주거나 논리적으로 이해가 가야 수긍했습니다. 이렇게 아이의 성향과 실생활에서의 활동, 온라인 활동이 융합되어 시너지를 일으켰습니다.

만약 아이가 수에 재능이 있고 관심을 보인다고 바로 숫자 카드를 이용해 숫자 익히기에 급급했거나 학습지를 풀게 했다면 아이의 학습 동기가 지금처럼 유지됐을지 의문이 듭니다. 반면 수에 관심이 전혀 없는 아이에게 여러 국가의 언어로 수 읽기를 가르치거나, 연산을 가르치면 어땠을까요? 수에 재미를 붙이기도 전에 무기력감을 느끼기 쉽습니다. 학습 동기가 있는 아이는 유의미한 경험이 뒷받침된다면 금세 자신만의 방식으로 지식을 습득합니다. 만약 아이의 관심이 우주라든가 심해처럼 직접 경험하기 힘든 분야라면 온라인 속 엄청난 자원들이 빛을 발합니다.

다만 초등학교 저학년이라면 부모 또는 선생님이 온라인을 통해 무엇을 얼마나 보여줄지 규칙을 정해주어야 합니다. 뒤에서 다루겠지만 아이들은 자기조절능력이나 절제력이 없기 때문에 유튜브처럼 심리적 알고리즘에 따라 관심 분야의 콘텐츠를 계속해서 추천해주는 플랫폼을 쥐어준 채 그냥 두는 건 좋지 않습니다.

아이들은 흥미로운 대상에 놀라울 정도로 깊이 몰입합니다. 그리고 몰입할 때 성장합니다. 온라인이 나은지 오프라인이 나은지 비교하기 전에 아이에게 가장 의미 있는 경험을 어떻게 줄 수 있을지부터 고민해보시기 바랍니다.

원칙 3.
아이를 맞춤형 온라인 학습과 연결하라

아이가 관심을 보이고 재능이 있는 분야를 발견해 경험하게 했다면, 그 다음은 맞춤형 온라인 학습으로 확장해 연결시켜봅니다. 이때 맞춤형은 두 가지를 의미합니다. 첫째, 아이 스스로 학습 동기를 갖고 있는, 아이의 관심사를 반영한 온라인 학습을 뜻합니다. 둘째, 아이의 수준과 속도에 맞게 분야별 학습에 적절한 서비스로 확장해주어야 합니다.

일반적으로 온라인 학습이라 하면 인터넷 강의를 많이 떠올리실 겁니다. 선생님이 강의를 하고 그에 따른 문제를 풀고, 오답풀이를 하며, 부족한 부분은 다시 학습할 수 있도록 이끌어줍니다. 아이에게 교과 학습을 완전히 숙지시키기 위해 이와 같은 서비스를 이용할 수 있습니다. 그런데 염두에 둘 것은 분야에 따라, 아이에 따라 효과적인 교수법이 달라질 수 있다는 것입니다. 영어와 과학은 학습 방법이 다릅니다. 피아노와 코딩 역시 마찬가지일 겁니다. 같은 피아노라도 작곡에 관심 있는 아이와 클래식 연주에 관심 있는 아이의 학습은 다릅니다. 예컨대 작곡에 관심 있는 아이는 피아노 연주에서 벗어나 다양한 음향으로 음악을 만들어볼 수 있는 프로그램을 제공해줌으로써 작곡하는 악기를 확장해줄 수 있습니다.

아이마다의 관심 분야에 따라 어른들이 제안해줄 수 있는 교육 과정과 경험은 다를 수 있습니다. 하나의 서비스와 플랫폼을 선택해 온라인 학습의 A부터 Z까지 해결하겠다는 생각보다는 각자의 관심사에 따라 적절하게 선택하고 확장하는 자세가 필요합니다.

요리사가 되고 싶어 하는 아이에게는 요리사가 되는 최적의 과정과 경험을, 피아니스트가 되고 싶어 하는 아이에게는 피아니스트가 되는 최적의 과정과 경험을 제공하는 것이 미래 교육이 향하는 방향이지, 모든 교과의 교육이 담긴 완벽한 온라인 학습 플랫폼 하나를 만드는 것이 미래 교육의 최종 지향점은 아닙니다.

아이의 관심을 유의미한 경험으로 확장할 수 있으며, 더 나아가 그 분야를 가장 잘 배울 수 있는 방식으로 구성된 온라인 학습 서비스를 부모와 선생님들이 함께 경험하고 찾아나선다면 우리 아이들이 공부의 추월차선에 올라탈 확률은 높아질 것입니다.

주의할 점

자발적 학습이
끊기지 않게 하라

모든 아이는 스스로에 대한 확신과 믿음을 타고난다

어느 날 진수 어머니가 갑작스럽게 변한 아이의 태도에 대해 고민을
상담해왔습니다. 진수가 요즘 "내가 이걸 잘할 수 있을까요?"라는 말
을 자주 한다고 했습니다. 늘 자신감이 넘치고 축구를 비롯해 몸으로
하는 신체 활동에서만큼은 누구에게도 뒤처지지 않던 진수가 초등학
교 4학년에 올라가더니 부쩍 자신감이 없어졌습니다. 짜증과 화도 많
아졌고 자신의 능력과 한계에 대해 의문을 가집니다. 다른 아이들에
게 지기는 싫고 욕심은 많은데 운동 말고는 무엇 하나 잘해내지 못합
다. 자기주도적이었고, 여러 실패를 겪으면서도 의심하지도 포기하지

도 않고 배워가던 아이가 어느 순간 자신의 능력과 한계에 대해 질문을 해옵니다. 스스로를 믿지 못하고, 해보지도 않고 할 수 없다고 생각하는 아이, 왜 이런 생각을 하게 된 것일까요?

진수가 스스로의 능력에 의문을 갖게 된 시작점은 본격적으로 학습을 시작하면서부터였습니다. 더는 손 놓고 있을 수 없겠다는 생각이 들어 마음이 급해진 진수의 부모님은 사교육을 시키기 시작했습니다. 뒤처졌다고 생각한 만큼 빠른 시간 내에 다른 아이들과의 격차를 극복하기 위해 학습지, 학원 등 여러 방법을 동원했습니다. 따라가기 힘겨워하는 아이를 보며 진작부터 공부를 시켰어야 했다는 후회도 들었다고 합니다. 자유롭게 뛰어놀게 하며 건강하게 키워야겠다는 교육관이 초등학교 고학년으로 올라가자 한순간 흔들린 겁니다. 이렇게 고학년으로 올라가며 부모의 교육관이 갑자기 바뀌어 부모도 아이도 혼란을 겪는 경우는 매우 흔한 일입니다.

부모의 교육관이 바뀌는 건 나쁜 게 아닙니다. 충분히 그럴 수 있고 학교교육과정을 따르는 게 학생들의 본분이기도 합니다. 다만 부모의 교육관이 바뀌더라도 잊지 말아야 할 것은 공부를 하는 우리 아이들이 마음을 가진 사람이라는 점입니다.

아이들은 저마다 학습을 받아들이는 속도가 다릅니다. 그 속도를 무시하고 남들을 기준에 두고 무작정 몰아붙이면 어느새 배우기를 포기하고 끌려가는 존재가 됩니다. 이 경험으로 아이는 '나는 이걸 제대로 해낼 수 없는 미숙한 존재'라는 생각을 하고 좌절합니다. 우리나라의 공통 교육과정은 누구나 자신의 속도에 따라 배우면 충분히 이해할 만한 수준인데도 학습을 포기하는 학생들이 많은 까닭이 여기에 있습니다.

이른바 '수포자(수학을 포기한 사람)' 역시 아이들마다 학습 속도가 다르다는 걸 인정하지 않을 때 발생합니다. 아이들은 학습의 속도를 따라가지 못할 때 자기 능력에 의구심을 품고 확신을 갖지 못합니다. 게다가 누군가 시켜서 억지로 하는 공부이기 때문에 학습 자체가 즐겁지 않습니다. 새로운 걸 집어넣기에 급급해, 내가 무엇을 알고 모르는지 생각해볼 틈도 없습니다. 이런 경험이 누적되면 점차 공부에 자신감을 잃고 스스로 학습을 주도할 수 없게 됩니다.

자발적인 학습이 가능하도록 학습 동기를 불러일으키는 원동력은 바로 자신감에서 나옵니다. 캐나다의 심리학자 앨버트 반두라는 이를 '자기효능감'이라고 말합니다. 자기효능감이란 '나는 해낼 수 있는 사람'이라고 스스로를 믿는 힘을 의미합니다. 때로 조금 무리한 목표나 과제를 만나더라도 긍정적으로 해낼 수 있다고 믿고 확신하며 실패하더라도 극복하고 다시 도전하는 힘입니다. 자기효능감이 높은 사람은 실패를 겁내지 않고 자신감을 가지고 일을 처리합니다. 나는 못 할 것이라는 '포기'가 아니라 해낼 수 있지만 '아직' 노력이 좀 더 필요하다는 긍정적인 시각, 이는 문제 하나 더 맞히는 것보다 중요하며 우리 아이들에게 꼭 필요한 마인드셋입니다.

자기효능감은 작은 일이라도 스스로 결정해 성공해본 경험이 누적

될 때 길러집니다. 운전에 서툰 사람에게 옆에서 이것저것 지시한다고 해서 운전이 늘지 않습니다. 천천히 하나씩 그 사람의 속도에 맞게 기다려주어야 합니다. 마찬가지로 아이가 스스로 목표를 세우고 자신의 속도에 맞게 성취하도록 도와줘야 합니다. 거기다 교사와 부모가 믿어주고 격려한다면 스스로를 믿고 배우는 능력이 강화됩니다. 학업 수행 능력이 좋을 것이라는 교사의 믿음과 신뢰의 눈길을 받는 것만으로도 학생의 학업 성취도가 높아진다는 유명한 실험이 있습니다. 아이를 성장시키기 위해 어른들이 해줄 수 있는 것은 아이가 스스로 해낼 수 있는 작은 성공 경험을 차곡차곡 쌓아갈 수 있도록 믿고 지지해주는 것입니다. 아이의 속도와 수준을 고려하여 자신감을 쌓을 수 있도록 도와줄 필요가 있습니다. 실패가 성공의 모태가 아니라, 작은 성공이 큰 성공의 모태가 된다는 것을 기억해야 합니다.

아이가 공부에 흥미를 잃지 않게 하는 법

/

교육이란 '들통을 채우는 것이 아니라, 불을 지피는 과정'이라는 유명한 말이 있습니다. 누군가가 대신 쏟아 부어준다고 해서 지식이 채워지는 것이 아니라 스스로 서서히 키워나가는 것입니다. 불을 땔 때를 생각해보세요. 불이 붙으려면 '땔감'이 필요합니다. 아이의 흥미, 관심사를 알아가고자 하는 욕구가 가장 좋은 땔감이 됩니다. 하지만 아이에게

'좋은 땔감'이 없다면 다른 데서 대신 가져와야 합니다. 즉 공부하려면 스스로 배우고 싶은 욕구가 필요한데, 아이에게 이 욕구가 없다면 아이는 '누군가에게 잘 보이고 싶어서', '인정받고 싶어서' 등 외적인 동기를 억지로 긁어모을 수밖에 없습니다.

그조차도 기다려주지 않고, 답답하다고 들통에 억지로 채워줄 생각만 하면 어떨까요? 어른들의 초조함이 점점 드러나고, 아이가 공부를 따라오지 못하면 인정해주지 않는 태도도 보이게 됩니다. 공부를 잘하면 더 귀기울여주고, 못하면 다그치는 방식으로 말입니다. 아이는 점점 인정받기 위해서, 잘 보이기 위해서 공부를 하게 됩니다. 내재적인 동기는 점차 줄어들고 외재적인 동기에 따라 상을 받기 위해, 벌을 피하기 위해, 칭찬을 받기 위해 공부를 하다가 외재적 동기마저 잃으면 공부하고자 하는 동기가 아예 사라지는 것입니다. 부모의 의지로 좋은 결과를 맺는 경우도 있습니다. 부모가 잘 짜준 루트를 따라 엘리트코스를 거쳐 명문 대학에 입학하고 전문직에 종사하거나 좋은 회사에 입사하기도 합니다.

그런데 이런 경우 사회에 나가서부터가 진짜 문제입니다. 남이 제시한 목표를 잘해내는 데만 익숙한 사람 중에는 스스로 목표를 세우는 걸 힘들어하는 경우가 있습니다. 실패하고 이를 극복해본 경험이 별로 없는 사람은, 실패하지 않을 정도로 소극적인 일만 하거나, 실패했을 때 심하게 좌절하는 경우가 많습니다. 실패할까 봐 아예 새로운 연구에 도전하지 않으려 하는 대학원생들, 실수한 걸 감춰서 일을 크게 키우거나 일이 드러나기도 전에 퇴사해버리는 신입사원 이야기가 예전보다 많이 들려옵니다.

1부에서 살펴본 것처럼 과거와 달리 앞으로는 같은 직업을 평생 유지할 수 있는 사람은 거의 없습니다. 많은 일들이 자동화되거나 인공지능의 영역으로 옮겨갈 것입니다. 대학까지는 부모와 학교의 의지로 가능하더라도 잘 살아가기 위해서는 스스로 필요한 걸 찾아 배우고 실패를 극복하는 능력을 반드시 갖춰야 합니다. 아이 스스로 선택하고 실패하고 극복하는 경험을 제공해줄 수 있어야 합니다. 선생님과 부모는 아이에게 배움의 주도권을 넘겨주어, 아이가 무엇을 선택하고 어떻게 조절하는지, 실패와 성취의 경험들을 바탕으로 어떻게 배우는지 지켜보며 지지하고 응원하는 자리를 지켜야 합니다.

아인슈타인Albert Einstein이 한 유명한 말이 있습니다.

"모든 사람은 천재다. 하지만 물고기가 나무를 얼마나 잘 오르는지로 물고기의 능력을 판단한다면, 그는 평생 자기가 쓸모없다고 생각하며 살 것이다."

수능 성적으로 줄세워 대학교에 들어가는 게 공정하다고 보는 견해도 있지만 어쩌면 조금만 탁월해도 다른 성공 루트를 타기 쉬운 세상이 되었습니다. 스스로 끈질기게 배우고 즐거움을 느끼며 좋은 습관을 만들어가는 아이가 미래의 인재가 되는 것을 많이 목격하게 될 겁니다. 우리 아이들이 무엇을 잘하는지 재능과 관심사를 알고, 무엇을 하고 싶어 하는지 파악하는 것이 매우 중요합니다.

부모와 교사에게 부여된
새로운 역할

감탄하고 칭찬하고 지켜보라

인도 뉴캐슬대학교 교육 기술 교수 수가타 미트라Sugata Mitra는 1999년 일련의 재미있는 실험을 했습니다. '벽 속의 구멍The Hole In The Wall'이라는 프로젝트입니다. 실험은 아주 간단합니다. 글을 제대로 아는 어른 한 명 없는 인도 최고 빈민가의 벽에 구멍을 뚫어 컴퓨터를 설치해놓고 관찰하는 실험이었습니다. 그곳의 아이들은 컴퓨터를 난생 처음 보았습니다. 그 누구도 아이들에게 컴퓨터에 대해 가르쳐주지도 설명해주지도 않았습니다. 미트라 교수는 아이들에게 컴퓨터를 만져도 된다고 허락했습니다. 그리고 나서는 아이들을 관찰했습니다.

컴퓨터의 기본 언어는 영어였으나 아이들은 영어를 할 줄 몰랐습니다. 아이들은 생전 처음 보는 신기한 기계를 매일 구경했습니다. 어떻게 작동하는지 서로 토론하고 생각을 나누면서 말입니다. 결국 아이들은 누구도 알려주지 않았음에도 컴퓨터 사용법을 익혀갑니다. 컴퓨터로 음악을 녹음하는가 하면, 여러 종류의 게임을 다운받아서 즐기기도 했습니다. 컴퓨터 사용법을 익힌 아이들은 자기보다 어린아이들에게 방법을 알려주기도 했습니다. 미트라 교수가 아이들에게 어떻게 컴퓨터 사용법을 알아냈는지 묻자 한 아이가 답했습니다.

"아저씨는 우리한테 영어로만 작동되는 기계를 줬죠. 우리는 기계를 쓰려고 서로에게 영어를 가르쳐야 했다고요."

미트라 교수는 이 실험을 통해 아이들은 자기가 원한다면 스스로 학습할 수 있는 능력이 있다는 결론을 내렸습니다.

그는 또 다른 실험을 계획했습니다. 타밀어를 쓰는 인도 남부 아이들 앞에 DNA 복제에 대한 영어 콘텐츠가 담긴 컴퓨터를 놔두었습니다. 영어나 DNA와 관련된 별도의 교육을 받지 않아도 컴퓨터에서 나오는 영어로 된 콘텐츠를 보고 생명공학 이론을 배울 수 있을지 살피는 실험이었습니다. 아이들의 능력을 뛰어넘는 높은 수준의 교육 자료를 주고 자기들끼리 얼마나 깨우칠 수 있는지 지켜본 것이죠.

두 달이 지나 시험을 치렀습니다. 아이들은 0점을 받았고 아무것도 모르겠다고 말했습니다. 그런데도 아이들은 포기하지 않고 날마다 컴퓨터 화면을 들여다보았습니다. 교수는 아이들이 이해도 못 하는 화면을 왜 들여다보고 있는지 의아했습니다. 어느 날 한 아이가 이렇게 이야기했습니다.

"DNA가 제대로 복제가 안 되면 암을 일으킨다는 것 말고는 아무것도 모르겠어요."

그 뒤로도 미트라 교수는 이 실험을 계속해서 이어갔습니다. 두 번째 시험에서 아이들은 30점이라는 낮은 점수를 받았습니다. 교수는 실험을 살짝 변경했습니다. 22세의 회계사를 실험에 개입시켜 아이들과 놀아주라고 한 것입니다. 그 회계사는 생명과학에 대해서 아는 것이 전혀 없다며 거절했지만 미트라 교수는 그저 아이들에게 이렇게 말하라고 지시했습니다.

"우와, 어떻게 그걸 했니? 다음 페이지는 뭐지? 내가 너만 한 나이였을 때는 이렇게 못 했어."

두 달 동안 회계사가 한 것은 아이들을 지지하는 말뿐이었습니다. 이후 치른 시험에서 아이들의 평균 점수는 50점대로 올라갔습니다. 이 점수는 전문 지식을 갖춘 교사들에게 생명공학을 배운 뉴델리의 부유한 학생들의 평균 점수와 같았습니다. 회계사가 한 일이라곤 교육 자료를 주고 그저 뒤에 물러서서 질문을 던지고 감탄한 것 뿐인데 아이들은 스스로 어려운 지식을 깨우쳐간 것입니다.*

미트라 교수는 인터넷을 활용해 아이들 스스로 학습하고 스스로 가르

---

* 수가타 미트라, 김보영 옮김, 《구름 속의 학교》, 다봄교육, 2021.

치는 이러한 학습 환경을 '자기조직적 학습 활동SOLE'이라고 부릅니다.

자율성을 키워주는 조력자가 되는 법

/

물론 이 실험이 아이에게 컴퓨터를 쥐어주고 자유롭게 내버려두기만 하면 모든 학습이 자발적으로 건전하게 이루어진다는 것을 의미하지는 않습니다. 하지만 한 가지, 이 이야기를 통해 아이들에게 스스로 배울 잠재력이 있으며, 배움을 지지하는 반응이 아이의 학습에 얼마나 중요한지 알 수 있습니다.

화학 영재로 유명한 희웅이의 이야기에서 부모님의 반응이 얼마나 중요한지 살펴볼 수 있습니다. 희웅이의 취미는 엄마, 아빠에게 자기가 공부한 화학 이론을 칠판에 써가며 설명하는 것입니다. 그런데 희웅이의 부모 두 분 모두 청각 장애인으로, 아버지는 말도 잘 할 수 없으셨습니다.

희웅이의 부모는 아이의 설명을 다 알아들을 수는 없지만 희웅이에게 집중하며 이해하려고 노력합니다. 전문가의 검사 결과 희웅이는 1,000명 중 6명 안에 들어가는 IQ 130 정도의 지능을 가진 영재로 판명됐습니다. 그보다 더 놀라운 것은 엄마와 아빠가 희웅이에게 영향을 준 점수였습니다. 엄마의 지지 표현 점수가 무려 100점, 게다가 성과 압력 지수는 겨우 5점이었습니다. 엄마는 1,000명 중 1명이라는 높은 점수가 나왔습니다. 아빠의 점수는 95점이었습니다. 한순간도 희웅이에게서 눈을 떼지 않고 따뜻한 시선을 건네며 지지 표현을 보인 희웅이 부모의 사례를 통해, 부모가 아이를 믿고 지지를 보여주는 게 아이의 학습에 얼마나 큰 힘이 되는지를 발견할 수 있습니다.*

아이들 면면을 들여다보면 모두 관심도, 성향도, 기질도 다릅니다. 주변 사람들의 리드와 도움을 받고 성장하는 아이가 있는가 하면, 누군가 조금만 관심을 보여도 청개구리처럼 확 돌아서는 아이도 있습니다. 부모와 선생님은 아이들의 성향과 기질을 이해하고 아이가 어디에 관심을 두는지 살펴야 합니다. 따뜻한 시선을 주며, 아이의 관심과 동기를 지지하는 말을 건넵니다. 주의할 것은 어른들의 의욕이 앞서 아이의 자율성과 동기를 꺾어놓아서는 안 된다는 점입니다.

아이가 관심을 갖고 흥미를 느끼는지 관찰하고, 그 뒤에서 감탄해주며 아이가 하는 말을 집중해서 들어주는 것만으로도 어른들의 역할은 충분합니다. 어른들이 먼저 아이에게 학습을 제안하고 시키는 것이 아니라, 아이의 관심과 흥미를 따라가보면 어떨까요? 특히 부모라면, 이 세상에 부모만큼 아이의 말에 귀기울여줄 수 있는 사람은 없습니다.

---

* SBS영재발굴단 32회, 〈청각장애 부부의 보석 같은 아들 '화학 소년' 신희웅 군〉, 2015. 10. 28.

아이가 어느 것에도 관심이 없다면

미래 교육에 대한 저의 강의를 듣고 은수 어머니가 고민을 상담해왔습니다.

"선생님, 아이가 꼭 공부를 잘하기를 바라는 건 아니에요. 근데 뭐라도 흥미가 있어야 할 텐데, 뭐든 조금씩 건드리다 마는 것 같아서 가끔 속이 터지고, 친구들을 보면 조급해져요."

은수 어머니가 말하기를 은수는 도통 무언가에 관심을 두는 법이 없다고 합니다. 뭐든 조금씩 한두 달 하다가 그만두기 일쑤였습니다. 친구 따라 태권도도 했다가 수영도 갔다가 과학실험도 해보고 드론도 배우고 코딩 학원도 갔습니다. 은수 부모님은 다른 아이들이 배운다는 건 다 해볼 수 있도록 물심양면으로 도왔습니다. 부모는 아이가 흥미를 보인다면 얼마든지 지원해줄 마음이 있는데 아이는 도통 어디에도 흥미를 붙이지 않습니다.

요즘 이런 가정이 너무나 많습니다. 꼭 공부를 강요하는 것도 아닌데 관심사가 없거나 금세 계속 바뀌는 산만한 아이들의 부모들은 고민이 많습니다. 이 아이들은 왜 그럴까요? 진짜 아무데도 관심이 없는 걸까요? 이런 아이 중에서 부모 앞에서는 매사 소극적이고 관심사도 없어 보이는데, 친구들 사이에서는 적극적인 모습을 보이는 경우가 있습니다. 부모가 아이의 관심사를 인정해주지 않는 경우, 아이들은 부모 앞에서 소극적인 모습을 보입니다.

상담을 통해 살펴보니 은수는 개미나 잠자리, 벌 같은 곤충에 관심이 많았습니다. 벌을 관찰하고 싶은 마음이 더 커서 벌에 쏘이는 것을 전혀 두려워하지 않고 주변에 있는 각종 도구를 이용해 척척 잡습니다. 벌의 종류를 상세히 분류할 줄도 압니다. 온종일 개미를 관찰하기도 합니다. 그동안 은수의 부모님은 그 나이 아이는 다 비슷하다고 생각하고, 그 모습에는 크게 관심을 두지 않았습니다. 학원에 가야 하는데 길에 쪼그려 앉아 있고, 친구들과 축구하며 뛰어 놀다가도 벌을 잡으러 다니는 아이가 산만하고, 시간을 허비한다고 생각했지요.

은수만의 이야기일까요? 이렇게 무언가에 전혀 관심이 없어 보이는 아이들도 자세히 살펴보면 그렇지 않은 경우가 많습니다. 공부란 새로운 지식을 기존의 지식과 연결하며 나의 지식 세계를 확장하는 것입니다. 아이가 자연 현상에 관심이 많고, 자연 현상에 관한 영상 시청을 좋아한다면 양질의 다큐멘터리를 통해 자연 현상들의 원리를 깨우치도록 도와줄 수 있습니다. 기초적인 지식이 쌓이면 관련 도서로 옮겨갈 수 있습니다. 또는 어린이를 대상으로 하는 과학 워크숍에 참석시킬 수도 있습니다. 이렇게 아이는 자연스럽게 몰입하며 즐겁게 공부에 빠져들게 됩니다.

어른들은 아이 앞에서 전혀 티를 안 낸다고 하지만, 아이들은 은연중에 어른들의 마음을 읽습니다.

'태권도는 잘할 수 있을지도 몰라!'

'발차기하는 걸 보니 수영에 소질이 있는 거 아니야?'

하지만 이런 기대를 충족시키기에는 태권도도 수영도 사실 아이의 진짜 관심사가 아닙니다. 아이로서는 배움 자체가 버겁고 잘하지 못하는 게 속상합니다. 이번에도 부모를 실망시켜서 괴롭습니다. 이 과정이 반복되면 점점 더 새로운 것을 앞두고 소극적으로 행동합니다.

물론 모든 활동을 아이 스스로 선택하도록 할 수는 없습니다. 학교에 가거나 줄을 서는 등 아이가 하기 싫어도 해야 하는 일들, 즉 부모가 일관되게 이끌어주어야 하는 일들이 있습니다. 공부도 마찬가지입니다. 학교 수업에 참여하고, 숙제를 하는 등 반드시 해야 하는 공부는 루틴을 만들어 습관이 되도록 도와주어야 합니다.

그 외에 아이의 의견과 선택을 존중해야 하는 경우가 있습니다. 아이가 무언가에 관심을 보이며 적극적으로 배우고 싶어 할 때만큼은 곁에서 지지하는 반응을 보이며 아이의 선택을 존중해주어야 합니다. 만약 무언가를 시작했는데 그만 배우고 싶다고 하면 대화를 해보고 그 선택도 존중해주는 것이 좋습니다. 아이가 자신의 관심사를 찾지 못한 거라면 조금 기다려주세요. 배우고 싶은 것을 배울 기회를 열어두고 공부의 주도권을 아이에게 주세요. 아이의 눈이 반짝거리며 관심을 보이는 분야가 분명 생겨납니다.

부모 입장에서는 그게 공부라기보다는 쓸데없는 데 시간을 쓰는 일이라는 생각이 들 수도 있지만, 학교 공부만 공부라는 편견을 조금은 내려놓으시는 게 좋습니다. 그 과정에서 아이는 깊은 몰입을 연습하고 앎에 대한 즐거움을 만끽합니다. 공부와는 상관없어 보이는 일러스트

그리기에 몰두한다거나 프라모델 조립을 하느라 시간 가는 줄 몰라 밤을 새우는 아이는 자발적인 몰입의 경지를 경험하는 중입니다. '평생 배우는 삶'의 기반을 만들고 있는 것입니다.

CHAPTER

5

공부의 추월차선 제1원칙:

아이의 재능과
동기를 발견하라

어떤 아이들은 자신의 재능을 쉽게 발견합니다. 운 좋게도 일반적인 과정, 예를 들어 어린이집, 유치원, 초등학교를 거치며 경험하는 활동들에서 재능이 발견되는 경우입니다. 다른 아이들보다 유독 수에 밝다거나, 같은 영어 영상을 보아도 빠르게 듣고 이해하고 발화한다거나, 누군가 춤을 추는 영상을 보면 별다른 연습 없이도 제대로 따라 하는 아이들이 있습니다. 한편, 타고난 기질상 순종적이고 끈기가 있으며 지능이 높은 경우, 자기 고집을 내세우지 않고 부모와 선생님이 시키는 대로 공부를 곧잘 합니다.

반면에 하고 싶은 게 분명하고 고집이 있는 아이는 자신의 공부 방식과 다른 방식을 강요할 경우, 공부하기 싫어하고 자꾸만 딴짓을 하기도 합니다. 그러니 아이가 공부를 싫어한다면, '공부에 재능이 없다'라고 성급히 결론내리지 말고, 더 집중하고 좋아하는 공부 방향과 스타일을 생각해볼 필요가 있습니다.

방법 1
아이의 입을 열게 하라

수업 시간에 학생들에게 말할 기회를 주자 벌어진 일

고등학교 2학년인 황병욱 군은 소아청소년정신과의 진료를 받을 정도로 우울증이 심각했습니다. 스스로를 살 필요가 없는 하찮은 존재라고 생각했습니다. 우울증 때문에 집중력이 떨어지다 보니 학습 태도 지적도 자주 받게 되었습니다. 성적도 떨어졌고, 교우 관계도 나빠졌습니다. 부모에게 자기 상황을 잘 말하지 못한 것도 병욱 군의 우울증을 악화시켰습니다. 병욱 군의 속사정을 몰랐던 부모 눈에는 이유 없이 성적이 떨어지고 자꾸 학교에 꾸역꾸역 가는 게 곱게 보이지 않았습니다. 병욱 군이 자존감을 잃은 가장 큰 이유는 수동적이고 경쟁적인 수업 방식 때문이었습니다.

병욱 군의 이야기는 KBS 다큐멘터리 〈거꾸로 교실의 마법 ; 천 개의 교실〉에서 소개되었습니다. 이 다큐멘터리는 초등학교부터 고등학교에 이르기까지 기존의 수업 방식을 '거꾸로 수업' 모형에 따라서 바꿔 진행해보는 실험이었어요. 기존의 강의식 수업에 적응을 못 하던 병욱 군은 천 개의 교실에서 진행한 새로운 학습법 '거꾸로 학습'을 몇 주간 경험한 뒤에 극적인 변화를 겪었습니다. 거꾸로 학습은 온라인을 통해 집에서 수업을 미리 듣고, 실제 교실 수업에서는 선생님의 강의를 듣는 대신 주어진 과제를 친구들과 협력해서 해결해나가는 수업 방식입니다. 기존에는 학교에서 수업을 듣고 집에서 숙제를 했다면, 거꾸로 학습은 집에서 수업을 듣고 학교에서 과제를 하는 것이죠.

그동안 교실에 앉아 일방적으로 듣기만 하던 병욱 군은 수업 중에 자기의 의견과 생각이 반영되기 시작하자 적극적인 모습을 되찾았습니다. 입을 열어 자신의 생각과 목소리를 내자 아이의 엄청난 창의력, 숨어 있던 재능과 역량이 발휘되기 시작했습니다. 담임 선생님은 당시에 버릇없고 이상하다고만 생각했던 병욱 군이 알고 보니 천재였다고 회상합니다. 병욱 군이 광합성을 왈츠에 비유해 설명하는 걸 보고, 음악과 생명과학을 연결해 상상하는 아이에게 놀라움을 감추지 못했다고 이야기했습니다. 각각의 수업마다 아이들이 머리를 모으자 기존에 생각지도 못한 방식으로 공부를 하고 표현했습니다. 교사가 설명하는 시간을 줄이는 대신 아이들이 말하는 시간을 늘리자 아이들은 훨씬 의

욕적으로 공부를 하기 시작했습니다.

학습만 변한 것이 아니었습니다. 아이들이 서로를 대하는 태도와 감정에도 큰 변화가 생겼습니다. 성적에 따라 친구를 판단하고 선입견을 보이던 태도가 바뀐 것입니다. 그동안 수업 방식에서 우수한 성적을 거두던 학생들은 조금 당황하기도 했습니다. 거꾸로 수업은 성적이 좋다고 해서 잘할 수 있는 수업이 아니기 때문입니다. 문제에 정답이 없고, 모두 평등하게 의견을 낼 수 있습니다. 아이들은 점차 자신의 생각을 말로 표현하는 데 익숙해졌습니다.

아이에게 말할 기회를 줄 것

/

다른 사람들에게 자신의 생각을 말로 표현한다는 것은 어려운 일입니다. 모르는 사람과도 인사를 나누고 일상의 안부를 묻는 서양인들에 비하면, 우리나라는 소리 내어 인사하는 경우도 드뭅니다. 또 학교에서 발표라고 해봐야 손 들고 질문에 간단히 답하는 것 외에 길게 자신의 의견을 개진할 일은 드뭅니다. 머릿속에 생각이 웬만큼 정리되지 않고서는 논리정연하게 말하기가 어렵죠. 이렇다 보니 입을 떼기가 쉽지 않습니다. 말하기를 잘하려면 어떻게 해야 할까요? 많이 말을 해보는 수밖에 없습니다. 말할 기회가 많을수록, 자기가 말하고 싶은 주제가 확실할수록 말하기는 점점 쉬워집니다.

앞선 병욱 군의 사례처럼 아이의 재능을 찾으려면 우선 아이의 입을 열 수 있어야 합니다. 아이들은 자기가 말하고 싶은 주제와 생각에 대해서는 신이 나서 쉽게 입을 엽니다. 평소 주눅이 들어 말하기를 잘하지 못하는 아이들도 자신의 관심사에 대해서 말을 할 때는 목소리가 커집니다. 아이들이 입을 열기 시작하면 자연스럽게 무엇이 아이의 관심을 끄는지, 아이의 재능이 무엇인지 가늠해볼 수 있습니다. 표현하고 말을 하는 능력도 좋아집니다. 아이에게 들려주고 싶은 이야기, 해주고 싶은 조언들이 많겠지만 우선은 조금 뒤로 물러서서 경청해주세요. 들어주고 반응해주는 사람이 있을 때 아이들의 이야기는 풍성해집니다.

예컨대 이세돌과 인공지능 알파고의 바둑 시합을 보고 난 뒤, 아이가 인공지능이 사람보다 더 똑똑한지 궁금해하는 상황을 떠올려보세요. 답이 정해진 문제는 아니지요. 이럴 때 아이와 서로 의견을 나누며 이야기를 확장해볼 수 있습니다. 이렇게 답이 없는 문제, 아이가 관심을 보이는 대상이나 현상을 주제로 대화를 이끌어주세요. 자신의 생각을 말로 표현하다 보면 아이들은 또 새로운 호기심에 가닿게 됩니다.

이때 주의해야 할 점은, 이미 질문하는 사람이 답을 정해놓고, 확인하기 위해 아이가 입을 열도록 강요하지 말아야 한다는 것입니다. 아이의 생각을 궁금해하는 것과 지식을 테스트하는 것은 다릅니다. 아이는 질문자의 의도를 금세 눈치챌 것입니다.

아이가 입을 열어 말할 기회를 허락하는가, 이 기준은 학원을 선택할 때도 똑같이 적용해볼 수 있습니다. 내 아이가 새로운 걸 배울 때, 선생님의 강의를 듣는 걸 더 중시하는 쪽인지, 말하면서 이해를 높여가는 쪽인지 주의 깊게 살펴보세요. 잘 듣는 것보다 뭐라도 말하는 게 훨씬 어렵습니다. 그리고 입을 열어 말할 때 아이들은 훨씬 더 창의적이고 능동적으로 사고하게 됩니다.

아이의 입을 여는 경청의 기술

희한하게도 평소에 별로 말 없는 사람조차 '내가 너무 말을 많이 했나?' 싶은 생각이 들 정도로 많은 말을 쏟아내게 하는 사람이 있습니다. 누구나 자기 이야기를 털어놓게 되는 사람, 그 사람들의 특징은 무엇일까요? 미국의 토크쇼 진행자 오프라 윈프리, 대한민국 최고의 진행자로 활약 중인 유재석 씨, 일본의 고니시 미호까지 상대의 입을 열어 자기 이야기를 술술 털어놓게 만드는 사람들의 특징은 다름 아닌 상대를 편안하게 만드는 분위기와 '경청'에 있습니다.

때로 아이들과 대화를 하거나 아이들이 질문을 할 때 긴장하는 어른들도 의외로 많습니다. 언제든지 완벽하게 답을 해주거나, 논리 정연하고 재치 있게 대응하고 싶은 경우 더욱 그러합니다. 머릿속에 지식을 가득 채우면 아이와 대화를 잘할 수 있을까요? 지식이 많다고 해서 아이와의 대화가 원활하고 아이의 입이 열리는 것은 아닙니다.

위에서 언급한 세계적인 진행자들은 대화할 때 상대방의 불안이나 망설임, 긴장을 풀어주어 기분 좋게 이야기할 수 있는 편안한 분위기를 만드는 것이 대화를 성공으로 이끄는 비결이라고 말합니다. 아이들에게도 마찬가지입니다. 편안한 분위기에서 긴장감 없이 다양한 말을 합니다.

'내가 너의 생각을 늘 궁금해한다'는 메시지를 아이에게 전해야 합니다. 어떤 이야기든지 충분히 들을 준비가 되어 있다는 메시지입니다. 이를 다른 말로 표현하면 아이에 대한 관심을 보여주는 겁니다. 꼭 말로 표현할 필요는 없습니다. 한 엄마는 작은 메모로 늘 아이에게 관심과 사랑을 전합니다. 메모에다 때로는 잘 챙겨주지 못하는 미안함과 그럼에도 잘 따라주는 고마움을 표현하기도 하고, 오늘 학교 생활이 어땠는지 힘든 점이 없었는지 묻기도 합니다. 집에는 사방에 아이와 소통한 포스트잇 흔적이 넘칩니다. 이 아이는 서울시 학업성취도 평가에서 최상위 성적을 받았습니다. 이 엄마는 끊임없는 소통이 아이를 성장하게 한 원동력이었다고 말합니다. 엄마의 일방적인 소통이 아니라, 아이의 마음을 보듬고 언제든지 의견을 경청하겠다는 마음을 담은 소통 말이지요.

앞서 소개한 병욱 군의 담임 선생님은 가르치는 입장에서도 아이들이 주도하는 수업 방식이 재미있고 신난다고 이야기합니다. 기존의 교실을 자세히 들여다보면 수업이 주로 선생님의 일방적인 말로 채워집니다. 그리고 선생님의 말은 대화라기보다는 교과서를 펴고 문제를 풀라는 등 지시나 교과서 개념 설명이 대부분입니다. 선생님도 학생도 그리 재미있는 시간은 아닙니다. 일반 교실에서 거꾸로 학습 모델을 완전히 적용하기는 어려울 것입니다. 그러나 이를 일부 차용해볼 수 있습니다. 예를 들어 복습 위주의 숙제를 예습으로 바꿔볼 수 있습니다. 다음 수업 부분을 미리 한 번 읽어보고 오게 하거나, 관련된 비디오나 간단한 글 등을 미리 보고 오도록 한 뒤 아이들과 수업을 시작할 때 그에 대한 이야기를 5분 내외로 나눠봅니다. 교사가 일방적으로 강의하는 것보다 질문과 답변으로 수업을 시작함으로써 아이들은 수업에 직접 참여하고 있다는 느낌을 받을 수 있습니다. 친구들의 다양한 의견도 청취하며 시야도 넓힐 수 있습니다.

아이들이 꿈을 찾는 과정에도 깊은 관심을 보여주세요. 작가이자 교육청 장학사인 김성효 선생님은 아이들의 삶에 꿈의 씨앗을 뿌리는 것이 교사의 사명이라고 말합니다. 김 선생님은 초등학교 6학년 담임을 맡던 어느 날, 매일 수업 시간에 몰래 만화책을 읽는 한 학생에게 매우 화가 났다고 합니다. 그 학생에게 "넌 도대체 꿈이 뭐니?"라고 물었습니다. 혼을 낼 요량으로 말한 것이었는데 그 학생은 진지하게 "작가가 되는 게 꿈이에요."라고 답했습니다. 학생의 대답을 듣고 지나가는 말로 "너는 만화도 잘 그리고 글도 잘 쓰니 만화가가 되면 좋겠다."라고 말했습니다. 오랜 시간 후 다시 만난 그 학생은 만화가가 되어 있었습니다. 그 경험을 통해 선생님의 말 한마디가 학생에게 얼마나 큰 영향을 미치는지 몸소 깨달았습니다. 아이들의 삶에 꿈의 씨앗을 뿌리는 것이 교사의 큰 사명이라는 것을 깨달은 순간입니다. 그리고 아이들과 함께 '미래 나의 모습 그리기', '미래 명함 만들기'와 같은 학급 활동을 계획합니다. 선생님 본인의 꿈도 아이들과 함께 공유합니다.* 자신의 미래, 자신의 꿈에 대해 한 번쯤 생각해볼 기회를 갖게 해주고 그것을 표현하게 하는 것이 아이들의 입을 여는 한 가지 방법이 될 수 있습니다.

---

* 김성효, 《학급경영멘토링》, 행복한미래, 2013.

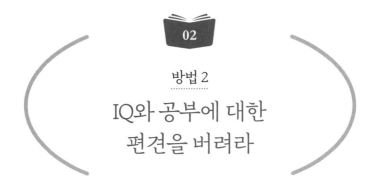

방법 2
IQ와 공부에 대한
편견을 버려라

공부에 대한 인상과 지능에 대한 편견

아이가 아무 영양가 없는 잡담을 늘어놓거나 공부와는 관련 없는 그저 시시한 관심사만 이야기할 뿐이라면 어떤 의미가 있을까요? 아이가 자신의 흥미와 관심사를 이야기하더라도 그것이 아이의 재능인지 아닌지, 동기인지 아닌지 알기는 어려워 보입니다. 여기서 우리의 '공부에 대한 인상과 지능에 대한 편견'을 한 번쯤 돌아볼 필요가 있어요.

앞서 잠시 다뤘듯 공부란 국영수 같은 교과목의 지식을 습득하는 것만 의미하지 않습니다. 하버드대학교에서 심리학을 가르치는 하워드 가드너Howard Gardner는 학문적 능력이 아이의 지적 능력을 대변하지는 않는다고 말합니다. 학습 능력과 지적 능력은 다를 수 있다는 의미입니다. 아이가 수학 공식을 줄줄 외우는 것과 물고기 이름을 줄줄 외우는 것은 사실 그리 큰 차이가 아닙니다. 둘 다 암기 영역이죠. 하지만 전자는 교육적 성취로 보고, 후자는 그저 '물고기를 좋아하는구나'쯤으로 여깁니다.

공부란 무엇이고, 지능이란 무엇일까요? 공부는 좁은 의미로 학문적 능력을 뜻하지만 넓은 의미에서는 아이의 지적 능력을 포괄합니다. 아이들은 분야마다 다른 지적 능력을 보입니다. 이를 알면 매우 다양한 분야에서 주목할 만한 성과를 내는 아이의 모습을 확인할 수 있습니다. 마치 말썽꾸러기에 반항아로만 여겨졌던 병욱 군이 음악과 생명과학을 연결하는 창의적인 학생으로 탈바꿈한 것처럼 말입니다.

《평균의 종말》의 저자이자 하버드대학교 교육대학원 교수인 토드로즈Larry Todd Rose는 기존의 교육이 아이들 개개인의 장점을 발견하기보다 약점을 발견하기 더 쉽도록 설계되어 있다고 지적합니다. 못하는 영역을 채워 평균을 끌어올리는 것을 중요하게 생각해왔다고 봅니다. 이때 '만능인'이 되지 못하는 아이들은 열등감을 느낄 수밖에 없습니다.

온라인상에 온갖 매력적인 사람들과 상품들이 넘쳐나는 지금, 자신에 대해서 아는 것은 정말 중요합니다. 그렇지 않으면 스스로 무엇을 원하는지, 무엇을 잘하는지도 모른 채 남들을 부러워하기만 하며 유행이나 선망하는 대상에 끌려다닐 위험성이 더 커지고 있기 때문입니다. 꿈은 자신에 대한 이해를 바탕으로 해야 합니다. 본인의 관심사가 무엇인지, 무엇에 가슴이 뛰는지, 무엇을 더 배우고 싶은지 스스로 이해하고 있어야 꿈과 목표를 세워 공부해나갈 수 있습니다.

아이가 가진 있는 그대로의 재능과 강점에 관심을 보여주시기 바랍니다. 부모의 시선과 선생님의 믿음은 아이가 스스로를 이해하는 바탕이 됩니다. 자신이 믿고 의지하는 어른들이 아이를 부정적으로 바라보면 아이도 스스로를 부정적으로 바라봅니다. 인간은 타인의 시선을 거울삼아 자신의 강점과 장점, 재능을 이해하기 때문입니다.

IQ 점수가 만들어내는 편견

/

부모라면 사회가 중요시하는 기준을 미루어둔 채 내 아이에게 중심을 두는 것은 생각보다 쉽지 않습니다. 아이가 미술이나 음악에 재능을 보여도 어떤 부모는 외면합니다. 경쟁이 치열해서, 성공할 확률이 높지 않아 보여서, 교과과정에 떠밀릴까 봐 예체능 재능을 중요하게 생각하지 않고 그저 취미 생활로 하기를 바랍니다.

IQ 점수가 기록된 학교 생활통지표를 받아본 경험이 있는 어른들이 꽤 많습니다. 저는 초등학교 고학년 때 학교에서 IQ 검사를 했습니다. 처음 검사지를 받아본 느낌은 '당황' 그 자체였습니다. 문항 수는 끝이 없는데 제한된 시간 안에 풀어야 한다니 압박감이 느껴졌습니다. 저는 늘 시험 시간을 꽉 채워 사용하던 아이였거든요. 그래도 정규 시험이 아니고 성적에도 들어가지 않는다고 하니, 긴장감 없이 검사를 치렀습니다. 초등학생 때는 조금만 노력하면 '수'를 맞는 것이 그리 어렵지 않았습니다. 그래서 성적표를 받을 때마다 부모님은 저에게 큰 기대를 했습니다. 하지만 IQ 검사 결과가 적힌 생활통지표를 보고는 실망감을 감추지 않으셨습니다. 거기 적힌 수치는 정말 평범했거든요. 그때 부모님의 반응을 보고 저 스스로에게 많이 상심했던 기억이 납니다.

교육심리학 분야에서 가장 유명한 연구를 꼽자면 '로젠탈 효과(피그말리온 효과)'를 빼놓을 수 없을 겁니다. 교사의 기대에 따라 학생의 성적이 좌우되는 현상을 말합니다. 하버드대학교 심리학과 교수 로버트 로젠탈Robert Rosenthal과 미국 샌프란시스코의 오크초등학교 교장인 레노어 제이콥슨Lenore Jacobson은 1968년 매우 유명한 실험을 진행합니다. 가난한 사람들이 많은 동네에 위치한 오크초등학교 6개 반에서 20% 정도의 아이들을 무작위로 추출했습니다. 그리고 교사들에게 그 아이들의 명단을 주고 지적으로 발전 가능성이 매우 높은 아이들이라고 따로 귀띔해주었습니다. 8개월 뒤 전체 아이들을 대상으로 IQ 테스트를 했을 때, 이 20%에 속한 아이들은 다른 아이들에 비해 정말로 IQ가 높아졌습니다. 교사가 자기도 모르게 명단에 속한 아이에게 기대하고 격려를 보냈고, 학생은 실제로 기대에 부응해 지적인 성장을 한 것입니다.

지능이 성공을 위한 필요충분조건은 아닙니다. 하지만 아이를 열등하다고 바라보면 아이는 어른들의 편견에 따라 자신의 한계를 정해버립니다. 반대로 어른들이 진심 어린 기대와 믿음을 보내면 아이는 스스로 한계를 뛰어넘어 성장할 것입니다.

지능을 바라보는 두 가지 관점

/

지능을 바라보는 관점에는 크게 두 가지가 있습니다. 우선 지능을 선천적으로 타고나는 것으로 보는 견해입니다. 개인의 노력이나 훌륭한 환경 속에서도 타고난 지능이 크게 변하지 않는다는 관점입니다. 이 관점으로만 보면 지능은 선천적으로 주어진 범접할 수 없는 고유한 능력입니다. 지능은 덜 똑똑하거나 더 똑똑하다는 기준이 되며, 이 기준에 따라 우열을 가리는 평가가 가능해집니다. 반면 이와 같은 관점으로만 보면 지능이 시험을 벗어난 실제 삶 속에서 창의성이나 문제 해결 능력을 평가해주지 못하기 때문에 학교 성적표에서의 성공 여부는 예측할 수 있지만, 학교를 졸업한 이후 사회에서의 성공을 예측하기는 어렵다는 비판을 받습니다.

또한 지능 검사가 평가하는 지적 능력의 범위는 매우 협소합니다. 사회 내에서 사람들과 어떤 관계를 맺고 어떻게 소통하며 협력할 수 있는지 이 지표만으로는 설명하기 부족합니다. 특히 미래에 중요성이 커지는 창의성이나 예술성 또한 단순히 지능 검사로 점수화하기 어렵습니다. 그뿐 아니라 지능 검사는 정답을 맞혔는지 아닌지에 더 초점을 둡니다. 때문에 지능 검사에 여러 번 노출되었거나, 비슷한 유형의 문제

하워드 가드너가 구분한 인간의 여덟 가지 지적 능력

구분	내용
언어 지능	단어에 민감한 능력, 언어를 조작하는 능력. 단어의 의미, 단어 간 질서, 단어의 소리, 리듬, 억양, 박자 등에 민감함. **예 시인, 극작가, 정치가**
음악 지능	음악에 대한 이해와 분석, 기능에 탁월한 능력. 음정과 리듬에 대한 지각력, 변별력, 변형 능력, 표현 능력. 리듬·음률·박자·음조·선율·음색 등에 민감함. **예 작곡가, 연주가, 비평가**
논리수학 지능	패턴을 발견하고 특정 행위나 기호 간의 논리적 관계를 추론해 개념화하는 능력. **예 수학자**
공간 지능	대규모 공간을 개념화하고 조작하는 능력. 비교적 소규모 공간을 구성하고 만들어내는 능력. **예 건축가, 발명가**
신체운동 지능	신체를 활용해 문제를 해결하거나 작품을 만들어내는 능력. **예 무용가, 배우, 조각가, 외과의사**
자아성찰 지능	개인의 생각과 목표, 불안한 감정 등에 민감하게 반응하는 능력. 자신의 기질에 맞춰 계획을 세우고 행동하는 능력. **예 철학가, 지도자**
인간친화 지능	다른 사람과 효과적으로 상호작용하는 능력. 타인의 기분·감정·기질·동기 등에 민감함. **예 정치가, 종교지도자**
자연친화 지능	세상의 모든 사물을 결과론으로 구분하는 능력. 행성의 종류를 구분하고 구름별 형성 과정을 구분하는 능력. **예 과학자, 식물학자, 지질학자**

풀이에 익숙한 아이들이 훨씬 더 높은 점수를 받을 수밖에 없습니다.

지능을 바라보는 또 다른 관점으로는, 인간에게는 여러 갈래의 능력과 지능이 있고, 환경과 훈련으로 이를 강화할 수 있다고 보는 견해입니다. 가드너 교수의 다중지능 이론이 대표적입니다. 가드너 교수는 인간의 지적 능력을 여덟 가지 형태로 구분했습니다.

여덟 가지 지능 중 흔히 학교에서 공부를 잘한다고 말하는 아이들은 언어 지능과 논리수학 지능이 뛰어납니다. 지적 능력이 골고루 우수하다기보다는 학업 수학 능력이 뛰어난 거죠. 반면에 음악 지능이나 신체운동 지능이 뛰어난 아이들의 능력은 현재 학교 교과 영역에서만 보면 부가적인 지능으로 보이는 경우가 많습니다. 언어 지능과 논리수학 지능이 뛰어난 아이가 음악 지능과 신체운동 지능까지 뛰어나면 매우 우수한 인재로 평가받는 반면, 음악 지능이나 신체운동 지능만 뛰어날 경우에는 학업 수학 능력이 부족하다고 평가받곤 합니다.

가드너 교수는 언어 지능과 논리수학 지능에 가중치를 두는 것은 특정 사회 내에서 공유되는 사회 문화적 현상일 뿐, 모든 영역의 지능은 사실상 생물학적으로는 동등하다고 강조합니다. 또한 각각의 지능은 독립적으로 뇌의 특정 부분과 관련되어 있으면서도 서로 상호작용하며 복잡한 형태로 강화되기도 합니다.

지능에 대한 편견이 미치는 악영향

만약 언어 지능이나 논리수학 지능이 뛰어 나지 않은 아이가 덜 똑똑하다는 평가를 받고, 그런 시선이 학창 시절 내내 따라다닌다면 어떤 영향을 미칠까요? 앞서 보았듯 아이는 주변의 기대에 따라 자랍니다. 마치 IQ 검사 결과를 보고 '서울대 들어가기는 어려운 아이' 취급을 한다면 딱 그 한계만큼만 자랄 겁니다.

하지만 가드너 교수의 연구에 따른다면, 지능에는 여러 종류가 있고, 각각의 지능 수준에 따라 사람마다 습득하는 속도에 차이가 날 뿐입니다. 그리고 부족한 부분이라도 지속적으로 긍정적 환경에 노출되면 좋은 방향으로 강화될 수 있습니다. 즉 개인별로 숙달하는 속도가 다르고, 한 영역에서의 성공은 다른 영역에서의 속도 혹은 성공과 무관합니다.*

아이마다 민감하게 반응하는 정보들이 다릅니다. 어떤 아이들은 타고나면서부터 음에 민감하고, 어떤 아이들은 기호에 민감합니다. 시각적인 정보와 신체 운동에 민감하게 반응하는 아이도 있습니다. 그런데 특정한 분야에 반복적으로 반응시키며 상호작용하면 민감하지 않던 지능도 높아집니다. 지능이라 일컫는 지식의 흐름이 생겨나는 것입니다.

아이의 지능이 '학습'에만 국한되지 않는다는 것을 이해하는 어른들과 함께 자란 아이는 더 많은 가능성을 지닌 어른으로 성장할 겁니다. 아이는 교육과 훈련을 통해 부족한 능력을 탁월하게 개발시킬 수 있습니다. 한편 '재능'이나 '강점'이라고 불리는 유전적 잠재력을 지닌 분야, 즉 상대적으로 지능이 높은 분야에 집중해 남들보다 더 빠른 속도로 성장할 수도 있습니다. 약간의 자극이나 정확한 코칭이 결정적인 역할을 하기도 합니다. 이런 아이는 보다 쉽게 탁월해질 수 있습니다.

---

*하워드 가드너, 김동일 옮김, 《하워드 가드너 심리학 총서1: 지능이란 무엇인가》, 사회평론, 2019, 115~131쪽.

아이의 적성이 재능으로 확장되는 환경을 마련하라

모든 과목을 잘해야 한다는 사회적 압박이 '공부는 즐겁지 않고 힘든 것'이라는 인식을 만들어냅니다. 하지만 아이의 지능과 강점을 알고 그에 맞추어 지원한다면, 그리고 어른들이 진정으로 아이의 성장을 응원한다면 아이들은 자신의 재능과 관련된 일을 하며 만족스러운 삶을 누릴 가능성이 높아집니다. 그리고 부족한 점은 조금 느리더라도 꾸준히 채워가며 성장할 용기를 얻게 됩니다.

가드너의 여덟 가지 다중 지능은 아이의 지적 성향, 즉 적성을 파악하는 데 도움이 됩니다. 적성을 알면 아이의 관심사도 더욱 정확히 파악해볼 수 있습니다. 아이의 강점을 이해하고, 아이가 강하게 동기를 느끼는 대상이 무엇인지 이해할 눈이 생깁니다.

아이들의 탁월한 지능을 발견하고, 적절히 강화시켜줄 환경과 조건을 제공하는 것은 아이의 지능을 실제 재능으로 만드는 매우 중요한 부분입니다. 가정과 학교에서 이런 환경과 조건을 조성한다면 아이는 열정적으로 배우며, 능동적으로 지식을 구성하고, 문제를 해결하기 위해 노력하는 인재로 성장합니다. 그리고 다른 이와 지식을 나누고자 합니다. 특정 분야에 탁월하며 사람들에게 자신의 능력을 베푸는 인재를 앞으로의 사회가 필요로 한다는 점을 기억해야 합니다.

재능을 담을 수 있는 목표를 설정하기

아이를 믿고 아이가 하고 싶은 대로 풀어주어야 하는가 싶어 혼란스러울 수 있습니다. 하지만 아이 마음대로 하도록 방임하라는 뜻은 절대 아닙니다. 아이가 재미를 느끼며 동기가 분명한 공부의 경험을 더할 필요가 있다는 뜻입니다. 그런데 많은 학생들을 보듬어야 하는 학교에서 이 모든 걸 채워주기에는 역부족이기에 가정에서의 역할도 중요합니다. 부족한 부분을 가정에서는 온라인 학습을 활용해 맞춤형 교육과정을 제공할 수 있습니다.

이후 7장에서 좀 더 자세히 살펴보겠지만 온라인에서 아이가 경험하는 여러 활동 중 의미 있는 경험인지 아닌지를 판단하는 세 가지 기준이 있습니다.

첫째, 스스로 생각하고 말할 수 있도록 아이의 입을 여는 데 도움을 주는가?
둘째, 조금 더 어려운 다음 단계의 도전 과제가 있는가?
셋째, 아이가 메이커maker로서 주도하는 온, 오프라인에서의 경험이나 활동과 연계가 되는가?

아이가 푹 빠져 있는 온라인 활동이 있다면 위에서 이야기한 세 가지가 이뤄지는지 체크해보시기 바랍니다. 아이의 입을 열어 능동적으로 생각하게 하는지, 어려운 도전 과제로 계속해서 실력을 쌓아갈 수 있는지, 마지막으로 단지 수동적인 서비스 이용자로 그치지 않고 온라인이나 오프라인에서 직접 메이커가 되어 활동할 수 있는지, 혹은 다른 온라인 제작 활동과 연계가 되는지 말입니다.

최근 초등학생의 꿈 1순위는 바로 유튜버입니다. 유튜버라는 꿈을 가볍게 보는 경향이 있지만 사람들이 궁금해할 주제를 끊임없이 찾아내고 관련 콘텐츠를 꾸준히 생산해내는 게 절대 쉬운 일은 아닙니다. 그 주제가 만약 게임이나 메이크업, 상품 언박싱같이 대중의 흥미에 따르는 것이더라도 콘텐츠를 창작하는 일, 꾸준히 업로드하며 댓글을 살피고 채널을 운영하는 일에는 많은 노력과 학습이 필요합니다.

자연과 곤충을 좋아하는 황우성 군은 각종 해외 논문, 다큐멘터리, 전공 서적을 넘나들며 호기심을 해결합니다. 그리고 유튜브 채널 〈Wisesol animal TV〉를 운영하며, 곤충을 관찰하고 연구하며 얻은 경험과 지식, 노하우를 영어로 소개합니다. 우성이의 유튜브 채널에는 곤충을 사랑하는 전 세계 사람들이 모여서 이야기를 나눕니다. 우성이는 유튜브 채널뿐 아니라 블로그 태양빛동물원*을 운영하기도 합니다. 그리고 2021년 8월에는 자신이 공부한 내용을 집대성해 《내 반려 동물은 곤충이야》라는 책을 발간하기도 했습니다. 곤충을 사랑해서 성실하게 연구해온 아이가 자신의 연구 결과를 정리한 정성 가득한 책입니다.

—
* blog.naver.com/solar24365

우성이는 영어를 잘해서 3세 때부터 영어 영재로 방송에 자주 소개되었습니다. 그런데 우성이 어머니는 우성이가 '영어 영재'라는 수식어에 갇히는 게 싫어서 이 말을 사용하지 않았습니다. 그리고 우성이가 호기심을 보이는 것은 책이나 영상, 자연으로 경험하게 해주며 다양한데 관심을 뻗을 수 있게 도와주었습니다. 우성이는 특히 곤충에 관심을 보여 어렸을 때는 길에 쪼그려앉아 개미를 관찰하며 시간을 보내는 게 일상이었습니다. 우성이의 깊은 호기심을 해결하는 데 영어는 큰 도움이 되었습니다. 우성이는 전 세계에 흩뿌려진 영어로 된 전문 자료를 보고 듣는 데 조금도 어려움이 없었기 때문입니다. 우성이가 유튜브를 하고 싶다고 했을 때, 우성이 부모님은 채널 개설을 도와주고, 스마트폰으로 촬영 보조도 해주었습니다. 대신 영상에서 할 이야기는 오직 우성이 혼자 준비합니다. 이러다 보니 점차 지식을 더 잘 정리해서 전달하는 법도 궁리하기 시작했습니다. 이렇게 스스로 호기심을 좇고 더 즐거운 활동을 해나가다 보니 우성이는 사교육 없이 영재교육원 로봇 영재로 선발되었고, 과학기술정보통신부 주관 발명품 경진 대회에서 경기도 대표로 뽑히기도 했습니다.

만약 아이의 꿈이 유튜버라면 가볍게 넘기지 말고, 채널을 개설해 콘텐츠를 만들어볼 수 있도록 도와주세요. 책을 비롯해 유튜브 콘텐츠를 만들고 업로드할 수 있는 다양한 공부를 함께해봅니다. 단 유튜브 채널을 운영하는 데 필요한 모든 것을 공부한 뒤에 시작하지 마세요. 처음엔 어설퍼도 일단 시도하며 배우도록 독려하세요. 시행착오를 거치면서 스스로 부족한 점을 체크하고 직접 수정할 수 있도록 말입니다.

이 과정이 살아 있는 공부입니다. 먼저 콘텐츠 제작 과정을 경험합니다. 어떤 콘텐츠든, 기획하고 내용을 구성하는 과정이 필요합니다. 생각을 실행에 옮겨보는 경험만으로 굉장히 큰 수확이죠. 그리고 자신이 좋아하는 일을 찾을 수 있으며, 부족한 점도 확인해볼 수 있습니다.

유튜브 역시 앞서 말한 세 가지 기준을 충족합니다. 더 나아간 기술이 있으며, 오프라인 활동과 연계할 수 있습니다. 그러니 좀 더 마음의 문을 열고 아이에게 도전할 기회를 주세요. 아이의 재능과 열정을 확인해볼 좋은 기회가 될 것입니다.

무엇을 공부할지 선택하는 데는 '학교 공부'도 포함됩니다. 아이가 좋은 대학에 진학하기 위해 학교에서 좋은 성적을 내기로 결심했다면 온라인 학습은 큰 도움이 될 것입니다.

부모의 올바른 방향

/

만약 우성이 어머니가 '왜 공부하기도 아까운 시간에 곤충만 들여다보고 있을까?'라고 생각했다면, 우성이가 곤충에 대한 자신의 관심사를 기록하고 관찰하며 온라인으로 공유하는 데까지 확장할 수 있었을까요? 혹은 영어 영재로 불린다는 이유로 영어 실력 향상에만 집중했다면 어땠을까요?

우성이의 사례를 통해 어른들이 아이를 위해 생각해야 할 것들은 다음과 같습니다. 첫째, 아이의 관심사를 존중해주세요. 아이들은 어른이 생각하는 것보다 더 크게 자랄 수 있습니다. 그 과정을 격려해주고 학교 공부 외에도 '공부'가 아니라는 편견 없이 바라봐주세요. 둘째, 지능 점수 혹은 '영재'라는 수식어에 너무 어릴 때 빠지지 않도록 주의하세요. 특히 사교육계에서는 아이에게 일찍 지능 검사를 하고 꼬리표를 붙여서 보다 많은 학습을 시키고 싶어 합니다. 하지만 아이의 관심사는 늘 변화합니다. 아이가 좁은 틀에 갇히지 않도록 돕는 게 교사나 부모가 해야 할 중요한 역할입니다. 셋째, 아이가 좋아하는 분야가 있다면 조금 더 확장하여 나아갈 수 있도록 수준에 맞는 책이나 콘텐츠를 제공해주고, 막히는 문제를 해결하고 사고를 확장할 수 있도록 같이 궁리해주세요. 학교에서는 다른 아이들과 함께 문제를 나누고 해결하고 소통하는 과정을 경험할 수 있도록 수업을 진행할 수도 있습니다. 학교 밖에서는 형제든 친구든 혹은 블로그나 유튜브 등 온라인에서 만난 다른 사람과 함께 문제를 해결하는 경험을 할 수 있습니다.

　아이가 어떤 경험을 할 때 신이 나서 떠드나요? 어떤 분야의 책을 읽을 때, 어떤 일을 할 때 아이가 눈에 띄게 활기를 보이나요? 아무리 좋은 교육 프로그램이더라도 아이에게 흥미가 없다면 시간을 때우는 수단일 뿐입니다. 아이가 의미를 발견하고 그에 대해 입을 열어 말할 수 있도록 경청하고 용기를 주는 경험을 찾아야 합니다.

　사회심리학자 에릭슨은 심리사회적 발달단계를 여덟 단계로 나눕니다. 그중에 초등학교에 입학한 이후부터 약 11세에 이르기까지 획득하는 주요 덕목으로 '근면성'으로 꼽습니다. 아이는 가정과 학교라는 작은 사회 속에서 주어진 과제를 완성하면서 능력을 깨닫게 됩니다. 이 나이에는 크고 작은 성취를 경험하는 것이 중요합니다. 반대로 자신이 노력한 것에 대해 주변 사람들에게 조롱받고, 야단맞고, 거절당하면 아이는 자신을 부적절하게 생각하고 열등감을 발달시키게 됩니다. 이 열등감이 아이를 무력하게 만듭니다. 입을 다물고 아무것도 하고 싶지 않은 상태가 됩니다. 초등 시기에 자신의 노력으로 스스로 선택하고 과제를 끝까지 해냄으로써 긍정적인 자기 인식을 가질 수 있도록 도와주시기 바랍니다.

방법 3

다른 아이들과 협력하는 환경을 제공하라

협력이 중요한 이유

4차 산업혁명이 거론되면서 미래 인재의 핵심 역량에서 가장 중요하게 꼽히는 것이 바로 '협업 능력'입니다. 어른들 세대까지만 해도 교육이란 성년기에 일정한 틀이 있는 일들을 잘해내는 능력을 키우는 데 초점이 맞춰져 있었습니다. 하지만 오늘날 정규적인 대부분의 일들은 자동화가 가능하며, 평생 같은 업을 유지할 사람은 거의 없습니다. 지금도 여러 분야의 전문가들과 교류하거나 팀을 구성해 문제를 해결하는 프로젝트형 업무가 갈수록 잦아지고 있습니다. 《최고의 교육》에서 로베르타 골린코프는 '다른 이들과 잘 놀고 협력하는가?'라는 항목이 미래의 성적표의 중요한 항목이 될 것이라고 말하기도 했습니다.* 특히 미래에는 한 가지 과제를 중심으로 느슨하게 묶이는 협업 형태가 빈번해질 것이며 이는 인공지능으로 대체할 수 없는 인간의 고유 영역이 될 것입니다.

대표적인 예로 구글 같은 IT기업에서는 하나의 프로젝트가 생기면 이를 수행할 사람을 모집합니다. 만약 원활하게 의사소통할 줄 아는 협업 능력이 탁월한 인재라면 많은 프로젝트에 발탁됩니다. 반면에 아무리 실력이 좋아도 협업 문화에 적응하지 못하면 결국 팀에 소속되지 못해 회사를 관두는 사례도 있습니다. 이런 이유로 '다른 사람과 원활히 협업'하는 능력은 프로젝트형 업무를 추진하는 IT기업에서 가장 중요한 조건으로 여겨집니다. 그래서 많은 자기소개서가 타인과 협업했던 경험을 기술할 것을 요청합니다. 리더십을 발휘했던 경험이나 팀 내에서 원활하게 갈등을 해결했던 경험 등을 묻기도 합니다.

이에 대한 중요성을 인지해 현재 우리나라 교실에서도 모둠형 수행평가 등 여러 구성원이 서로 협력해서 문제를 해결하는 과제를 확대하고 있습니다. 협력적 문제해결력이 중요하다는 교육적 인식 때문입니다. 선생님 입장에서는 코로나19로 인해 원격 교육의 비중이 늘고, 어렵게 학교에 가도 아이들끼리 쉬는 시간에 맘껏 이야기도 못하는 현실적인 제약 때문에 함께 모여 협력을 가르치는 것이 어렵게 느껴질 것입

---

* 로베르타 골린코프, 캐시 허시-파섹, 앞의 책, 82쪽.

니다. 하지만 이미 많은 사람들이 인터넷과 SNS를 통해 소통하는 것이 매우 익숙하고 자연스럽습니다. 학습도 다양한 온라인 도구들을 통해 함께 토론하거나 과제를 하는 방법을 모색해볼 수 있습니다.

위두랑*, 클래스팅** 같은 교육용 소셜 네트워크 서비스들이 이를 돕습니다. 그중 위두랑 서비스는 초등학생부터 고등학생까지 전 학년이 이용할 수 있으며, 교사가 학급을 개설하면 교사와 학생들이 자료를 공유하고 의사소통을 하거나 과제, 질의응답, 토론, 모둠 활동 등을 할 수 있습니다. 원격 교육이 주로 일방향적인 지식 전달 형태로 진행된다면, 쌍방향으로 소통할 수 있는 여러 방법들을 고민해보아야 합니다. 원격으로 학습을 진행할 때도 최대한 학생들에게 길을 터주어 참여를 적극적으로 이끌어내는 것이 온라인 학습이 성공적으로 이루어질 수 있는 중요한 키포인트입니다.

협력적 문제해결력을 키우는 거꾸로 캠퍼스

학생들 간의 협력적 문제해결력을 키우는 데 교육적 중점을 두는 학교가 있습니다. 바로 1부에서 잠시 언급했던 거꾸로 캠퍼스입니다. 이곳은 미래 교육의 한 방향성을 제시한다는 점에서 공교육에 큰 시사점을

---

* www. rang. edunet. net

** www. classting. com

주기도 했습니다.

거꾸로 캠퍼스는 14세부터 19세 학생들이 나이와 관계없이 역량과 관심사에 따라 수업에 참여합니다. 교실은 늘 시끄럽고 책상 위에 컴퓨터와 스마트폰을 자유롭게 꺼내놓은 아이들이 친구들과 자기 생각을 나누기에 바쁩니다. 언뜻 보면 공부를 하는지 수다를 떠는지 알기 어렵습니다. 거꾸로 캠퍼스는 '협력적 문제 해결 능력'을 키워주는 교육을 지향합니다. 그 이유는 지식을 단순히 암기하며 습득하는 방식보다 다른 사람과 함께 소통하며 문제를 해결하는 능력이 앞으로의 사회에서 가장 필요하다는 철학 때문입니다.

이곳에는 정해진 학사 일정에 따라 교과서대로 가르치는 수업이 없습니다. 시험도 없습니다. 대신 모듈(1년 4개 모듈로 구성)마다 학생들이 함께 공부하고 싶은 주제를 팀 별로 상의해서 하나씩 정합니다. 그리고 이 주제를 위해 어떤 교과 영역을 학습할지 만들어서 발표합니다. 발표 후 교사와 학생들이 투표를 하고, 가장 많은 표를 얻은 팀의 아이디어가 그 모듈의 공부 주제로 선정됩니다. 아이들은 개인 주제 프로젝트와 수업 프로젝트를 진행하며 노인의 디지털 소외 현상의 원인과 해법, 음식물 쓰레기 재활용 방안, 한복 판매를 위한 앱 개발 등 자신들의 문제의식과 관점을 키우고 해결하는 연습을 합니다.

이와 같은 '협력적 문제해결력'은 공교육에서도 그 중요성이 높아지고 있습니다. 초등 영재교육원의 수업은 주제를 정해 문제를 해결하는 프로젝트 수업으로 이루어집니다. 프로젝트 수업이란 학생들이 해결해야 할 과제를 정하고 동료 학생들과 협업하여 해결하는 수업입니다. 예를 들어 모래와 진흙이 섞여 있는 바닷물을 어떻게 음용할 수 있는 물로 만들지, 가장 효율적인 방법은 무엇일지 논의하며 해결 방법을 찾습니다. 하나의 주제이지만 여러 가지 해결 방법이 제안될 수 있습니다. 깔때기로 모래와 흙을 거르고 바닷물을 끓인 후 수증기를 차갑게 식혀 물을 추출할 수 있는가 하면, 정수기를 분해하고 새롭게 조립해보는 방법도 가능합니다. 여러 아이디어들이 접목될 수 있습니다. 교사는 정해진 정답을 찾도록 유도하는 게 아니라 아이들의 다양한 아이디어를 여러 기술과 접목해 창의적으로 문제를 해결할 수 있도록 돕습니다. 카이스트, 유니스트 같은 대학 역시 기존에 강의식으로 이루어졌던 수업 형태를 협업 중심의 문제해결 학습, 프로젝트형 학습, 개인연구 학습으로 바꾸기 위해 꾸준한 노력을 기울이고 있습니다.

정리하면 궁극적으로 자신만의 질문과 생각을 가지고 스스로가 정의한 문제를 창의적으로 해결하여 글로 표현하거나 타인에게 설명하고, 토론할 수 있어야 합니다. 이때 객관식의 정답을 찾아내는 것은 기본 자질이지 핵심 자질이 아닙니다. 자신만의 생각과 관점, 의견을 표현할 수 있어야 합니다.

가정에서 협업 능력을 키울 수 있는 방법

/

그렇다면 가정에서는 어떻게 협업 능력을 길러줄 수 있을까요? 긍정적으로 생각하고, 자신의 강점과 장점을 잘 알고 활용할 수 있는 사람은 어떤 일을 맞닥뜨리든 스스로 할 수 있는 부분을 찾습니다. 자신의 강점을 아는 이들은 타인에게서도 강점과 장점을 잘 발견합니다. 각자 다른 강점을 갖고 있다는 걸 확실히 알면, 자기와 다른 강점을 가진 사람 앞에서도 주눅들거나 작아지지 않습니다. 굳이 자신을 남들과 비교하지 않기 때문입니다. 성공적으로 협업하려면 자신의 강점과 상대의 강점을 잘 알고, 나아가 그것을 조화시키는 능력이 필요합니다. 상대의 의견을 경청하고 상대의 감정이나 생각에 공감하고 자신의 감정을 조절하는 능력이 필요합니다.

협업을 위한 능력은 학교에서뿐 아니라 가정에서도 키워줄 수 있습니다. 이는 가족 구성원이 서로의 강점을 찾고 인정하는 것, 서로의 감정이나 생각에 공감하는 연습을 함으로써 기를 수 있습니다. 가정에서 발생하는 크고 작은 문제들을 부모가 깔끔하게 정리해줄 수도 있지만, 아이를 참여시켜 문제 해결력을 키우는 기회로 삼을 수도 있습니다. 예컨대 집안일 역할 분담을 부모가 지시하기보다는 가족 회의를 통해 서로의 강점을 찾아 분배할 수 있습니다. 거꾸로캠퍼스의 '협력적 문제해결력'을 가족 구성원들이 함께하는 '공감 기반 문제해결력'으로 바꾸어 적용해볼 수 있습니다.

아이들은 놀이나 스포츠를 통해서도 협업 능력을 키웁니다. 정해진 규칙이 있는 스포츠 활동은 협업 능력을 키우는 검증된 방법입니다. 아이가 외동일 경우 부모들이 형제자매 대신 놀이 상대가 되어주는 경우가 많습니다. 이때 아이에게 무조건 져주거나 아이의 의견을 따르기보다는 규칙을 정해서 정정당당하게 놀아줍니다. 규칙에 이견이 생겼을 때 조율하는 경험, 팀 안에서 자기 역할을 인식하는 경험, 함께 전략을 짜거나 게임에서 지는 경험 모두 자연스럽게 협업 능력을 키울 수 있는 좋은 방법입니다.

중학교는 자유학기제로 시작됩니다. 중학교 한 학기 동안은 시험 부담에서 벗어나 토론이나 실습 중심의 참여형 수업과 진로 탐색 등 다양한 체험 활동을 해보게 됩니다. 부모들은 자유학기제 때문에 성적이 떨어질까 걱정해서 오히려 사교육을 늘리기도 합니다. 그러나 아이에게는 다양한 진로 체험을 하며 직업 세계를 경험하고, 관심 있는 동아리에 참여해 친구들과 함께 소통하고 협업하는 게 훨씬 중요합니다. 특히 고교학점제가 시행되기 전 자신의 꿈과 진로를 찾아야 하는 시기이므로 아이들에게는 더없이 중요한 시간입니다. 예체능 활동을 통해 좋아하는 것과 잘하는 것을 찾는 기회도 됩니다. 경쟁이나 '1등' 대신, '협업'을 교육의 중심에 두면 아이는 타인과 소통하고 자신의 생각과 의견을 발견하며 스스로의 장점과 강점을 찾아가는 의미 있는 기회를 가질 수 있을 것입니다.

CHAPTER

6

공부의 추월차선 제2원칙:
잊지 못할 실체적 경험을
제공하라

초등학교 6학년인 수현이는 부모와 약속하고 하루 세 시간씩 매일 꾸준히 공부합니다. 짧은 시간은 아닌데, 수현이의 학교 성적은 딱히 좋지 않습니다. 오늘 공부 가운데 기억에 남는 내용을 묻습니다. 80문항 정도의 문제를 풀었음에도 풀이 죽은 얼굴로 머릿속에 딱히 기억에 남는 것은 없다고 대답합니다. 수현이의 세 시간은 어디로 간 걸까요? 왜 꾸준히 매일 공부했음에도 머릿속에 공들여 배운 내용들이 그다지 떠오르지 않을까요?

뒤돌아보면 우리 모두 이렇게 남지 않는 공부를 한 기억이 있습니다. 짧은 시간 준비해서 한자 시험을 보기도 했고, 중간, 기말고사에서 벼락치기로 높은 성적을 받은 적도 있죠. 만약 학교 시험을 잘 보기 위해 단시간 내에 하는 공부라면 아마도 아이에게 잊히지 않는 의미 있는 경험으로 자리 잡기는 어려울 것입니다. 시험이 끝나면 금세 공부한 내용을 잊을지도 모릅니다.

방법 4

'왜' 씨앗을
머릿속에 심어줄 것

절대 잊히지 않는 공부법

/

공부하는 것만큼 중요한 것은 공부한 내용을 잊지 않는 것입니다. 특히 학습의 일부가 온라인으로 옮겨갈 시 어른들이 가장 우려하는 부분은 '얼마나 기억하고 활용할 수 있는가'입니다. 많은 경우, 아이가 공부한 내용을 제대로 기억하지 못하는 이유는 완벽하게 이해하지 못했기 때문이라고 설명합니다. 완전히 이해할 때까지 반복해서 천천히 학습하지 않았기 때문이라고 이야기하죠. 오랫동안 기억에 남아 완전히 이해한 상태, 즉 '완전학습'은 어떻게 이뤄질까요.

완전학습이란 교육학자 벤저민 블룸Benjamin Bloom이 주창한 개념으로,

누구나 각자의 속도로 학습을 하면 완전학습에 이를 수 있다고 합니다. 흔히 교과서만으로 수능을 만점 맞았다고 말하는 학생들이 완전학습을 했다는 점은 공공연하게 알려져 있습니다. 이때 중요한 점은 선생님의 강의를 오래, 많이 듣는 것이 아닙니다. 스스로 완전히 이해할 때까지 '왜'라는 질문을 반복하는 노력이 중요합니다.

블룸은 전통적인 학교 수업을 듣는 집단과 1:1 개별 학습을 한 집단을 나누어 이해 수준을 측정했습니다. 쉽게 예상할 수 있겠지만 결과는 1:1 개별 학습 지도를 받은 학생들이 훨씬 우수했습니다. 개별 학습을 한 학생의 90%가 전통적인 학교 수업을 들은 학생들 중 단 20% 정도만 도달하는 최고 수준에 이르렀습니다.

학교가 모든 아이들에게 1:1 개별 학습을 지원하면 완전학습에 도달할 수는 있겠지만 현실성이 없습니다. 기술의 발달은 완전학습의 새로운 가능성을 제안합니다. 여기에서 파생된 것이 '테크놀로지를 활용한 거꾸로 수업'입니다. 가정에서 아이들이 테크놀로지를 활용해 자신들의 속도에 맞게 개별적으로 공부를 하고, 학교에 와서는 친구들, 선생님과 과제를 수행하면서 협력적 문제해결 학습을 하는 방식으로 진화한 것이죠. 수업은 집에서 개별적으로 듣고, 숙제는 학교에서 수행하기 때문에 '거꾸로'라는 수식어가 붙었습니다.

이를 가정에서도 적용해볼 수 있습니다. 집에서는 온라인 학습 콘텐츠를 통해 완전학습이 되도록 아이의 속도에 맞춰 개별 학습을 합니다. 그리고 학교에서는 그룹 학습에 집중하도록 합니다. 학교교육을 보완하는 아주 좋은 방법이 될 겁니다.

반면 완전학습을 한다고 해서 공부한 내용이 영영 잊히지 않는 것은 아닙니다. 공부한 내용을 실제 상황에 대입해 활용해보거나, 실생활에 필요해서 공부한 경우라면 기억에 오래 남습니다.

직접 문제를 발견하고 찾는 법

전 세계에서 두 번째로 가치 있는 유니콘 스타트업으로 불리는 에어비앤비는 현재 그 가치가 약 100조 원에 이릅니다. 이 거대한 기업은 아주 사소한 문제와 작은 질문 하나에서 시작되었습니다. 임금 높은 IT 기업들이 몰려 있어 방값이 비싸기로 유명한 샌프란시스코에 살고 있던 브라이언 체스키Brian Chesky와 조 게비아Joe Gebbia는 실직 상태에서 집세를 마련하기 위해 여러 궁리를 하고 있었습니다. 마침 2007년 10월, 샌프란시스코에서 미국 산업 디자인 학회 연례 컨퍼런스가 열릴 예정인데 호텔이 꽉 차 많은 산업 디자이너들이 숙소를 구하지 못해 발을 동동 구르고 있다는 소식을 접하게 되었습니다. 이 둘은 한 가지 질문을 떠올렸습니다.

"꼭 호텔에서 잘 필요는 없잖아?"

이들은 자신의 아파트 일부를 숙소로 빌려주고 아침을 제공하는 대가로 돈을 받는 아이디어를 떠올립니다. 그리고 에어베드 세 개를 구입해 디자이너들에게 호텔보다 저렴한 가격에 방을 빌려주었습니다. 다행히 숙박한 사람들의 반응은 매우 좋았습니다. 그들은 일주일 만에 1,000달러를 벌어서 아파트 월세를 해결했습니다. 그리고 이 아이디어를 토대로 '에어베드 앤드 브렉퍼스트airbed&breakfast'라는 이름을 줄여 에어비앤비라는 이름을 짓고 게비아의 예전 룸메이트였던 개발자 네이선 블레차르지크Nathan Blecharczyk를 영입해 홈페이지를 만듭니다. 바로 에어비앤비의 시작입니다.*

에어비앤비가 대중화되면서 '소유'가 아닌 '공유' 개념이 널리 퍼져 공유 경제라는 이름이 등장하기도 했습니다. 지금은 에어비앤비가 일상이 되었지만, '호텔처럼 정식 등록된 숙박 시설을 빌려야 한다'는 당연하게 여기던 생각을 뒤집고 시장의 룰을 바꾸는 것은 오랜 시간 아무도 하지 못했습니다. 하지만 위의 예를 보듯 거대한 변화가 꼭 대단한 질문에서 시작되는 것은 아닙니다. 단순히 주어진 바를 완전히 이해하는 것을 넘어서 자기만의 관점으로 관찰하고 새로운 질문을 만드는 능력이 창의성의 원천입니다.

과거에 질문이나 문제를 제공하는 주체는 언제나 교사이고, 문제에 답을 하는 것이 학생들의 몫이었습니다. 학생들은 질문이나 문제 자체에 이의를 제기하지 않았습니다. 이의 제기는 오답으로 가는 지름길로 여겨졌습니다. 하지만 이제는 답이 있든 없든 문제를 발견하고 질문을

---

* 강일용, IT동아, 〈에어비앤비 창업자 3인, 성공의 비결은 절실함〉, 《IT동아》, 2018. 1. 2.

만드는 능력이 중요해지고 있습니다. 그리고 좋은 질문을 하려면 여러 분야를 아우르는 융합적인 관점이 필요합니다. 때로는 누군가의 조언이나 도움도 있어야 합니다. 체스키와 게비아의 아이디어를 실현시킨 블레차르지크와 같은 협력자가 필요합니다.

주변의 여러 현상을 의미 있게 관찰하고, 문제나 해결 과제를 발견하며, 적극적으로 질문하는 연습은 가정에서도 가능합니다. 사회적 통념을 당연하게 받아들이지 않고, 비틀어보고 질문을 발견하며 자신만의 답을 찾아보는 경험, 그렇게 시작한 공부들은 아이들에게 절대 잊히지 않습니다. 아이가 궁금해하는 실제적인 현상이나 경험을 부모가 눈여겨 살펴보아야 하는 이유가 여기에 있습니다.

질문은 위대한 발견의 시작이다

약 30개월 무렵부터 9세 이전의 아이들은 궁금증이 속 시원하게 풀릴 때까지 '왜'라는 질문을 계속 던집니다. 아이를 키우는 부모나 초등학교 저학년 선생님이라면 모두가 공감할 것입니다. 아이들은 세상을 여행하는 여행자처럼 관찰하고 질문합니다. "지구는 어떻게 생겨나게 되었어요?", "왜 육식 공룡은 채소를 먹지 않아요?", "왜 우리는 골고루 먹어야 하나요?", "사람은 죽으면 어떻게 되나요?", "바다와 하늘은 왜 파란색인가요?" 등의 질문들이 끊이지 않고 연결되어 본질적이고 깊이 있는 질문으로 이어집니다.

아이들마다 질문의 출발점은 다릅니다. 매일 노을을 보는 아이는 노을이 왜 붉은지 궁금해하고, 냉장고에 수많은 자석이 붙어 있는 집에 사는 아이는 자석의 원리를 궁금해합니다. 어떤 아이는 자신과 다른 사람의 마음에 대해 질문하죠. 각자 다른 것을 보고 자신의 수준과 관점에 따라 질문을 쏟아냅니다. 질문은 아이의 지적 수준을 대변하기도 합니다. 아이의 질문을 들여다보면 아이의 관심사나 색다른 시각을 느낄 수 있습니다.

어른들이 대답하기 어려운 질문들도 꽤 많습니다. 예를 들어 숫자에 관심 많은 저희 아이가 "3은 왜 이렇게 생겼어요?"라든지, "숫자 0과 알파벳 오(o), 그리고 이응(ㅇ)의 차이가 뭐예요?"라고 질문했을 때 답하기가 참 어려웠습니다. 어디까지가 큰 수이고 어디부터가 작은 수인지 질문합니다. 무게와 길이도 궁금해하지요. 곳곳에 적혀 있는 수많은 숫자의 의미도 알고 싶어 합니다. 하나의 질문에 몇 가지 '왜'가 추가적으로 붙기도 합니다.

아이가 무엇에 대해 질문하는지 자세히 관찰해볼 필요가 있습니다. '왜'를 따라가다 보면 큰 노력 없이도 그 아이의 관심 대상을 알 수 있습니다. 그리고 그 궁금증을 해소하면서 자기주도적 공부의 과정을 경험해볼 수 있습니다. 또한 '왜'라는 질문으로 완전한 이해를 연습할 수 있습니다. 질문이 답으로 이어질 때, 아이에게 평생 잊히지 않는 학습이 이루어지는 것입니다.

때로는 단순한 정보가 아니라, 어떤 규칙이나 규율에 대해 반문하기도 하죠. 밥은 자리에 앉아서 먹으라는 말에 왜 그래야 하는지 묻거나, 간식은 밥을 먹고 난 뒤 먹자고 할 때 그 순서는 누가 정하는지 묻기도 합니다. 어른들에게는 당연한 현실의 규칙이 선입견 없는 아이들에게는 호기심 그 자체입니다. 아이들의 '왜' 덕분에 어른들은 세상을 달리 보는 새로운 관점과 문제의식, 창의적 시각을 얻기도 합니다. 이 '왜'는 사물과 세상에 대한 이해가 깊어지도록 돕고, 나아가 창의성과 비판적 사고로 연결됩니다.

여기에서 중요한 지점을 발견하게 됩니다. 아이에게 질문은 아이가 마주하는 실제적인 현상이나 경험에서 나옵니다. 질문이 스스로 지식을 구성해나가는 중요한 줄거리가 된다는 뜻입니다. 앞 장에서 살펴본 것처럼 아이의 재능과 동기를 확인했다면, 아이가 마주하는 현상이나 경험에 의미가 있도록 어떻게 도울지 고민이 필요합니다.

질문을 두려워하는 아이 vs. 질문을 잘하는 아이

한국의 부모들은 아이가 학교에 다녀오면 "오늘 선생님 말씀 잘 들었니?"라고 묻고, 유대인 부모는 "오늘 어떤 질문을 했니?"라고 묻는다고 합니다. 둘이서 짝을 지어 토론하며 지식을 습득하는 방식인 하브루타 교육은 유대인들의 성공 비결 중 첫째로 꼽히기도 합니다. 질문을 하는 것은 지식을 완전히 이해해 생각을 정리하고 체계화하는 과정을 거친 후에 가능합니다.

'왜'를 달고 살던 아이들은 9세쯤부터는 질문보다는 정답을 찾는 연습에 더 열중하게 됩니다. 또 그쯤 되면 아이는 질문이 때로는 누군가를 불편하게 할 수도 있다는 것을 인식합니다. 특히 정해진 진도가 있고 사람들이 많은 교실에서는 공개적으로 질문하기가 두렵습니다. 때론 질문이 권위에 대한 도전이라고 여기는 부정적인 시선을 경험합니다. 점차 아이는 정해진 답을 말해야 착한 아이라고 생각하게 됩니다. 틀린 답을 말하면 수치심을 느끼기도 합니다. 아이가 질문하지 않아 고민인 학부모들도 있습니다. 하지만 아이가 처음부터 그러지는 않았을 겁니다. 모든 아이들은 주변의 다양한 현상에 관심 있게 질문을 했던 경험이 있습니다. 만약 아이가 질문하기를 꺼린다면 아이의 질문에 어른들이 지속적으로 무관심한 태도를 보였거나, 그것도 모르냐고 수치심을 주었던 건 아닌지 생각해보시기 바랍니다.

어른들이 대신 질문을 만들어줄 수는 없지만 아이들이 계속해서 질문할 수 있도록 도와주어야 합니다. 꼭 답을 주라는 게 아니라, 아이가 자신만의 문제를 떠올리고 해결하도록 함께 궁금해하는 것으로 충분합니다. 궁금해하는 아이의 마음에 공감하는 거죠. 정답이 없는 질문을 만들거나, 질문에 머물러 사고하거나, 질문의 답을 찾기 위해 노력할 때 아이들은 철학적 문제와 마주합니다. 예를 들어 "어떻게 지구는 존재하게 됐을까?", "다른 동물을 잡아먹는 육식 동물은 나쁜 동물일까?"라는 근본적인 질문들로 아이들은 공부의 재미를 알아갑니다. 이런 질문을 해결하기 위해 정보를 찾아볼 수 있고, 철학 및 윤리적 문제에 대해 친구나 선생님, 부모님과 자연스럽게 토론해볼 수 있습니다. 과거 모든 과학자들은 이와 같은 질문으로 연구를 시작했습니다.

이렇게 일상에서 마주하는 현상에서 질문을 하고, 이를 해결하기 위해서 여러 분야를 드나들며 학습하는 방식을 현상기반 학습이라고 합니다. 1부에서 말한 미네르바스쿨이 채택한 수업 방식인 현상기반 학습은 유아 교육에서는 흔히 이뤄집니다. 아이들은 일상적인 경험 속에서 벌어지는 현상을 관찰하고 모방하며 질문합니다. 현상기반 학습이 보편적인 교육 방식으로 채택되면 어떤 변화가 생길까요? 이러한 방식으로 국민들을 교육하는 나라가 있습니다. 바로 적게 공부하고도 높은 효율을 보이는 핀란드입니다.

교육 강국 핀란드의 현상기반 학습

/

핀란드는 세계적 교육 강국으로, 상대적으로 짧은 시간 공부하고도 높은 학업성취도를 기록하여 전 세계적인 관심을 끌고 있습니다. 핀란드 정부는 2020년부터 세계 최초로 전 교과에 현상기반 학습을 도입했습니다. 핀란드 헬싱키대학교 교육심리학과 교수 키르스티 론카 Kirsti Lonka

는 학생의 참여도를 높이는 현상기반 학습의 중요성을 이야기합니다.[*]

학교에서 배우는 교과는 각각 내용과 체계를 갖추고 있고 위계적이며 독립적입니다. 이 세계를 이해하기 위해, 여러 분야의 학자들은 '왜 그럴까'라는 질문을 수도 없이 던졌고 나름의 해답들을 찾았습니다. 그들이 정립해놓은 정답들이 체계를 갖추고 공고해지면서 우리는 '왜'의 과정이 아닌, 결과를 정리해놓은 것을 배우게 되었습니다.

즉 세계의 현상을 이해하고자 노력한 학자들과 달리, 학생들은 연구 결과를 배웁니다. 그 과정에서 질문의 중요성은 사라지고 교실에서는 개념을 가르치고 학생들이 제대로 이해했는지 평가하는 것이 더 중요해졌습니다. 그 결과, 학자들의 연구의 시작인 궁금증이나 호기심, 집요하게 파고드는 몰입의 과정을 학생들은 경험해보기 어려워졌습니다.

현상기반 학습은 매일 실생활에서 벌어지는 일에 대한 궁금증과 호기심, 질문을 학습의 시작점으로 삼습니다. 교과의 고립성을 깨뜨려야 창의력과 독창성, 통찰력이 활성화된다고 보기 때문입니다. 현상기반 학습은 실제적인 문제와 관찰, 거기서 파생된 질문으로부터 시작됩니다. 예컨대 '전기차 배터리 시장의 경쟁 심화'라는 주제를 두고 전기차와 기존 연료차량의 차이, 전기차가 많아지게 된 까닭, 환경에 미치게 되는 영향을 스스로 학습과 토론을 통해 다각화해 바라봅니다.

이렇게 공부를 시작하기 때문에 학습에 대한 내적 동기가 계속 생겨

---

[*] 키르스티 론카, 이동국 외 옮김, 《핀란드 교육에서 미래 교육의 답을 찾다》, 테크빌교육, 2020.

납니다. 또한 일상을 관찰하는 힘도 강해집니다. 현상기반 학습을 할 때는 아이들의 질문이 매우 중요하며, 교사는 학생이 탐구 과정에 주인 의식을 가지고 주도적으로 참여하도록 돕는 역할을 맡습니다. 주인의식과 주도성은 현상기반 학습을 통해 얻을 수 있는 중요한 경험입니다. 일부에서는 꼭 배워야 할 중요한 내용의 학습이 누락될 수 있다는 우려를 하며 현상기반 학습을 비판하기도 합니다. 하지만 우리는 아이들을 위해 각각의 장점을 취하면 됩니다. 가정과 학교에서 현상기반 학습을 어떻게 활용할 수 있을까요?

우리는 남이 분석한 결과가 아닌, 나와 세상의 관계를 구성하는 방법을 스스로 터득하며 자신만의 관점을 만들어나가죠. 그런 점에서 학습은 질문과 궁금증에서 시작되어야 합니다. 좋은 질문을 한다는 것은 이미 창의적인 문제 해결이 시작되었으며, 절반쯤 답을 찾은 것이나 다름없습니다.

이렇게 현상에서부터 공부를 출발하면 아이들은 더는 왜 공부해야 하는지 의문을 가지지 않습니다. 자신의 호기심을 풀기 위해, 더 나아가 일상생활에서의 문제를 해결하기 위해 공부한다는 것을 이미 알기 때문입니다. 처음부터 공부하는 이유가 분명해집니다. 그리고 실제로 문제를 해결하는 과정에서 익힌 이론은 깊이 한 번만 배워도 내면화되어 잘 잊지 않습니다.

교사라면 아이들에게 가르칠 때 질문을 던지고 해결해나가는 방식으로 수업을 구성할 수 있습니다. 좋은 답과 창의적인 풀이 방식을 공유하며 생각을 확장시킬 수 있습니다. 가정에서는 아이의 질문에 귀기울여줄 수 있습니다. 아이가 아무리 어려운 질문을 해도 부모가 피드백에 신경을 써주시기 바랍니다. 정답을 찾아줄 필요는 없습니다. 다만 매우 가치 있고 생각해볼 만한 질문이라고 여기고 긍정적으로 호응해주어야 합니다. 아이와 같이 궁금해하고 적절한 자료를 찾는 법을 알려주고 찾은 자료를 읽고 나눕니다. 그 대답을 찾아가는 과정을 함께하며 진정한 공부를 경험하게 하는 겁니다.

온라인을 활용하는 법

/

현상기반 학습은 온라인 학습의 특징과 잘 맞닿아 있습니다. 모든 아이에게는 개개인성이 있습니다. 지식의 정도가 다르고, 분야에 따라 뛰어난 지능도 다릅니다. 관심사도, 흥미도, 기질도 다릅니다. 온라인상의 여러 자원을 활용해 아이가 답을 찾을 수 있도록 지도하시기 바랍니다. 교육 자료는 포털보다는 믿을 만한 교육 사이트에서 찾아보시기를 권합니다. 에듀넷(www.edunet.net), 아이스크림 홈런(www.home-learn.co.kr), EBS 초등(www.primary.ebs.co.kr) 같은 사이트에는 지면 자료부터 사진이나 영상 자료까지 방대한 교육 자원들을 무료로 공개하고 있습니다.

암기식 학습이 반드시 나쁜 것은 아닙니다. 어학이나 연산 등 기초

학습은 암기가 효율을 높입니다. 그러나 머릿속에 무조건 많이 집어넣고 외우는 것이 주된 학습 경험이 되어서는 안 됩니다. 창의성이나 문제 해결 능력이 지식을 기반으로 하는 것은 틀림없지만, 폭넓은 정보를 많이 암기하고 있다고 해서 자연스럽게 길러지는 능력은 아닙니다.

앞으로 중요하게 대두되는 능력 중 하나는 컴퓨터와 인공지능의 능력을 활용해 문제 해결에 필요한 적확한 정보를 솎아내 잘 꿰어내는 능력입니다. 이러한 능력은 호기심이 생겼을 때 적절한 정보를 찾기 위해 시행착오를 겪으며 키워집니다. 아이가 궁금해하는 현상에 대해 질문할 때 어른들이 정답을 알려줄 수도 있습니다. 그러나 아이에게 질문의 답을 찾아가는 과정을 가르쳐주는 게 더 좋습니다. 아이는 책과 온라인 자료 속을 헤매며, 불필요한 정보의 홍수 속에서 시간 낭비를 하기도 하겠지만, 서서히 양질의 정보를 찾는 법을 깨우칠 겁니다.

재미있고 좋아하는 일을
직접 경험하게 하라

재미있어서 밤을 새울 정도의 일을 찾아라

좋아하는 일은 스스로 해보고 싶지, 누구도 그저 강의만 듣거나 먼발치에서 구경만 하길 바라지 않습니다. 축구를 좋아하는 아이는 축구장에서 직접 관람하거나, 선수와 인터뷰하거나, 축구공을 수집하고 싶어 합니다. 계획부터 세우고 이론이나 개념을 모두 이해한 뒤 적용하는 방식으로 즐기지 않습니다. 일단 뭐든 경험해보며 이론을 보완하는 방식으로 진행됩니다.

현재 대학교에 재학 중인 유진 씨는 친구에게 게임을 만들어주고 싶은 마음에 코딩을 배우게 되었습니다. 유진 씨는 코딩의 이론과 개념을 완전히 이해한 뒤 적용해보고 확장한 것이 아니라, 먼저 코딩을 해보며 부족한 부분을 수정하고 보완해나갔습니다. 정리하면 아래와 같습니다.

1. 좋아하는 일을 머리로 알기 전에 먼저 써보거나 만들어봅니다.
2. 사용하고 만들어보며 조금씩 익숙해집니다.
3. 필요한 부분을 발견하고, 자신보다 조금 더 실력 있는 초보에게 배웁니다.
4. 스스로 무엇을 하길 원하는지, 무엇이 배우고 싶은지 정확히 파악합니다.
5. 자신에게 맞는 정규 교육 프로그램을 탐색하고, 계속해서 만들어보고 심화시키며 수정합니다.

유진 씨는 해보면서 배워나가기 시작했고, 밤을 새우며 코딩을 공부했습니다. 실제로 코딩한 결과물을 보며 기뻐하기도, 실망하기도 했습니다. 그리고 부족한 점을 보완하기 위해 유튜브 강의를 찾아 들었습니다. 전문 지식이 필요하다는 생각에 코딩 독학자들이 많이 듣는다는 무크의 한 강의를 수강하기도 했습니다. 처음에는 게임을 좋아하는 친구에게 선물을 주고 싶어서 시작한 코딩 공부가 이후에는 코딩 자체에 대한 관심으로 확대되어 개발자로 취업까지 하게 됩니다.

몸으로 하는 공부가 진짜 내 것이 된다

/

과거 우리는 먼저 머리로 배우고(대학 또는 취업학원에 가고), 이론을 실제에 적용해보는 방향으로 학습을 했습니다. 하지만 유진 씨처럼 흥미에 끌려 집중하다가 더 나아지기 위해서 이론적으로 배워야 할 필요성을 느끼고 제대로 공부를 시작하면 배우는 깊이가 달라집니다. 축구를 좋아하는 아이에게 이론부터 가르치면 어떨까요? 축구에 대한 열정은 곧 식어버릴 겁니다. 공을 차고 가지고 노는 경험을 먼저 하면 더 깊이 알고 싶은 마음이 들고 이론과 전술을 배울 필요성을 느끼게 되죠.

그 관점에서 앞의 다섯 과정을 다시 한 번 살펴보세요. 먼저 경험하고, 그 뒤에 이론이나 정규과정을 배웁니다. 이 순서는 아이들이 학습의 과정에서 재미와 열정을 되찾게 도와줄 것입니다.

온라인 학습은 듣고 보기만 하면 금방 잊습니다. 언뜻 아이가 사용하는 단어가 넓고 풍부해지면 지적으로 아는 것이 많아지는 듯 보이지만, 지식이 아이의 경험과 연결되지 않는다면 곧 사라지고 맙니다. 반면 아이가 마주한 흥미로운 현상이나 문제의식, 실제 경험과 연관되면 공부의 재미가 배가되며 배운 내용이 기억 속에 오래 자리 잡습니다.

아이가 배우고 있는 걸 눈으로 관찰하거나, 만들어보거나, 시도해볼 수 있도록 도와주시기 바랍니다. 실패가 뻔히 보이더라도 그 과정도 겪을 수 있도록 도와주세요. 온라인에서의 학습이 오프라인에서 직접 부딪치는 경험과 도전을 촉진시킬 때 아이들은 잊히지 않는 학습을 경

험하게 됩니다. 누군가 상을 주거나 칭찬하지 않아도 공부의 과정 자
체를 보상으로 여기게 됩니다.

방법 6

몰입을 통해
'엉덩이 힘'을 길러라

몰입도 연습이 필요하다

공부깨나 한다는 아이들의 공통점은 오래 앉아 있는 '엉덩이 힘'이 있다는 것입니다. 이 힘은 어디에서 나올까요? 바로 '몰입'입니다. 몰입 상태에서 시간은 주관적으로 흐릅니다. 몰입하면 한 시간이 1분처럼 짧게 느껴지고, 몰입하지 못하면 1분이 한 시간처럼 길게 느껴지기도 합니다.

어린 시절에 자유롭게 원하는 흥미나 관심사를 스스로 선택해서 노는 것은 왜 중요할까요? 아이들이 이 과정에서 몰입을 경험하기 때문입니다. 그 시간은 매우 창의적인 활동으로 채워집니다. 즐겁기 때문에 오래 할 수 있고, 오래 하다 보면 자연스럽게 엉덩이의 힘이 길러집니다. 엉덩이의 힘은 참을성이 아니라, 몰입의 즐거움으로 인내심을 배울 때 비로소 얻을 수 있습니다. 하지만 중학생, 고등학생만 되어도 일상이 바빠 몰입의 경험을 쉽게 하기 어렵습니다.

어떤 아이는 커가면서 몰입의 방법을 잊어버리고, 어떤 아이는 몰입의 경험을 강화시킵니다. 이는 특히 부모의 반응과 관련이 있습니다. 아이의 선택을 존중하고, 집중할 시간을 허락한다면 아이는 수시로 몰입을 연습할 수 있습니다. 아이가 자유롭게 자신의 견해를 표현할 수 있고, 본인 의견이 부모에게 진지하게 받아들여진다면 편안한 마음으로 언제든 몰입을 하고, 창의적인 결과를 부모와 공유합니다. 하지만 아이가 부모의 선택을 따르기만 해야 한다면, 몰입의 경험은 갈수록 적어질 수밖에 없습니다. 아이의 즐거움 역시 줄어듭니다. 몰입은 연습해야 생깁니다.

불필요한 일에 몰입하는 아이를 방해하지 말자

많은 아이들은 짧든 길든 아주 깊이 몰입하는 시간을 만납니다. 때로 단순한 동작들을 30분, 길게는 한 시간 넘게 한자리에 앉아서 하는데, 어른들이 봤을 때는 생산적이지도 않고 왜 하는지 알 수 없을 정도로 무의미한 일일 때도 있습니다. 예를 들어 종이나 나뭇잎을 길게 잘라보고, 작은 조약돌을 이쪽에서 저쪽으로 옮기기도 하며, 빈 병에 모래를 계속해서 담아보기도 합니다. 좀 더 크면 온 종일 종이접기만 한다거나 만화만 그립니다.

몰입을 경험하는 아이들에게 보이는 특징이 있습니다. 미간이 찌푸려지고 입이 비쭉 튀어나오고 가끔 침을 흘리기도 합니다. 이때만큼은 부모의 개입이 필요하지 않은 순간입니다. 뭘 하고 있는지 질문해 아이의 집중력을 흐트러뜨리지 말고, 더 재미있는 과제로 아이를 유인하지도 말고, 충분히 몰입할 시간을 허락해주세요. 이런 단순한 작업을 충분히 반복하면 아이는 좀 더 난이도가 높은 다음 단계의 과제에 흥미를 느끼게 됩니다. 아이들은 이 경험에서 즐거움을 느낍니다.

심리학자 미하이 칙센트미하이Mihaly Csikszentmihaly 교수에 따르면 몰입은 기술과 도전이라는 두 차원의 균형이 맞아야 경험할 수 있습니다. 칙센트미하이 교수는 창의성을 '개인이 가진 능력의 완전한 구현'이라고 정의합니다. 살아가면서 행위 그 자체가 목적인 활동을 진정 마음에서 우러나와 하게 된다면 그 순간 우리는 몰입을 경험할 수 있습니다. 또한 이 경험으로 우리 삶이 창의적으로 변화합니다.*

몰입 경험은 공부 편식이라고 볼 수도 있습니다. 난이도와 시간 제약 없이 자신의 선택과 판단에 따라 하고 싶은 분야를 마음껏 경험하는 것입니다. 학교 공부를 제쳐두고 아이가 하고 싶은 대로 내버려두자는

---

* 미하이 칙센트미하이, 최인수 옮김, 《몰입》, 한울림, 2019.

의미는 아닙니다. 모든 아이들에게 필요한 공통의 교육도 중요하지만, 허락할 수 있는 시간만큼은 아이의 자발성과 몰입도를 높일 수 있는 교육에 신경 쓰자는 것입니다.

아이가 관심을 보이는 일이 특별히 미래에 써 먹을 데가 없을 것 같더라도 그 경험이 의미가 없는 것은 아닙니다. 몰입 자체를 연습하고 있으니까요. 몰입도 자꾸 연습하면 전이가 가능해져 다른 일에서도 주의를 집중하고 의미 있는 경험을 쌓는 흐름을 만들 수 있습니다. 그뿐 아니라 자신이 잘하고 싶고 배우고 싶은 분야를 파고들어 원하는 수준까지 끌어올려본 경험은 스스로 '잘해내는 아이'라는 긍정적인 자기효능감을 느낄 수 있도록 도와줍니다. 이것이 도화선이 되어 다른 공부에도 긍정적인 영향을 미칩니다.

상대적으로 시간이 많은 초등학생 때는 자신에게도 유능한 분야가 있음을 알도록 한 분야에 깊이 있게 몰입해보고, 좋아하고 잘하는 분야를 학습하는 경험을 할 수 있도록 도와주세요. 칙센트미하이 교수의 연구가 보여주듯 '창의성'은 이와 같은 몰입의 과정에서 발현되기 때문입니다.

지루함을 견디는 끈기를 기르는 방법

/

저의 친한 친구 중 유명한 바이올리니스트가 있습니다. 지금도 연주와 강의를 하며 활발하게 활동합니다. 그 친구는 아주 어려서부터 피아노를 전공한 어머니에게 클래식 음악을 접했고, 절대 음감을 타고나는 등 음악에 특별한 재능을 보였습니다. 재능만 있었던 게 아니라 바이올린 소리에 푹 빠져 아무리 들어도 질리지 않을 정도로 흥미도 느꼈습니다. 재능과 관심사가 만나니 실력은 눈에 띄게 성장했습니다.

그러던 어느 날 바이올린이 다시는 손에 쥐고 싶지 않을 정도로 싫어졌습니다. 하루 열다섯 시간이 넘게 연습을 해도 실력이 나아지지 않는 것 같아 지쳐갔습니다. 연습 과정이 너무 고돼서 바이올린을 그만둘지 진지하게 고민도 했습니다. 하지만 바이올리니스트가 된 후 지루하고 고된 시간, 온종일 노력해도 실력이 정체되어 있는 듯한 시간을 돌이켜 보니, 더 큰 성장을 위해 꼭 필요했던 시간이었습니다. 지금은 만약 그때 바이올린을 그만두었다면 크게 후회했을 거라고 회상합니다.

좋아하는 일을 취미로 삼아 하고 싶을 때만 짧게 즐기는 것은 쉽지만, 무언가를 직업으로 삼고 실력을 갖추려면 나를 이겨내야 하는 순간이 반드시 옵니다. 끈기란 이처럼 지루하고 고된 순간을 참아내 다음 단계로 넘어갈 수 있는 힘입니다. 만약 아이에게 이런 순간이 찾아왔을 때, 어떻게 끈기를 가르칠 수 있을까요?

《하버드 상위 1퍼센트의 비밀》에 소개된 그레고리 월튼Gregory Walton

의 실험에서 힌트를 찾습니다. 윌튼은 학업 성적이 높은 학생들을 대상으로 연구를 했습니다. 우선 이들의 학습 동기를 알아보았습니다. 첫 번째 그룹은 남들보다 뛰어나다는 우월감을 유지하기 위해, 명문 대학을 나와 취직을 잘하기 위해, 사회나 부모로부터 인정을 받기 위해 등 자기중심적 동기를 가진 학생들이었고, 두 번째 그룹은 공부에 별다른 의미를 느끼지 못하는 학생, 세 번째 그룹은 배움에 목적을 두고 자기 분야를 깊이 이해하는 학생들이었습니다.

연구 결과를 보면 자기중심적 동기는 초반에 자신을 더욱 강하게 밀어붙이는 효과를 만들지만 시간이 지나면서 공부 의지가 차츰 약화됩니다. 공부가 지루해지면 자기중심적 동기는 유의미한 효과를 발휘하지 못했습니다. 반면 배움에 목적을 두고 자기 분야를 깊이 이해하고자 하는 학생들은 끝까지 지루한 공부 과정을 견뎌냈고, 학업 성취도도 일관되게 유지되었습니다.[*]

자기 분야를 깊이 이해한다는 것은 자신이 매진하는 공부가 사회에 어떻게 기여하며 어떤 의미가 있는지 분명히 아는 것입니다. 만약 바이올리니스트라면 예술가가 사람들의 삶에 어떤 긍정적인 영향을 미치며 세상에 기여할지 이해하고 있다는 것입니다. 앞서 소개한 기탄잘리 라오처럼 세상의 문제를 해결하는 과학자가 되고 싶다면, 자신이 끈기 있게 노력해서 좋은 발명을 하면 사회에 어떤 선한 영향력을 미칠지

---

[*] 정주영, 《하버드 상위 1퍼센트의 비밀》, 한국경제신문, 2018, 260쪽.

이해하고 있다는 걸 의미합니다. 아이의 학습 의지를 북돋고 지루하고 고된 시간을 이겨내 꾸준히 공부할 수 있도록 돕고 싶다면 자신이 하고 싶은 일에 대해 이야기하는 아이에게 그 일에 담긴 사회적 의미와 가치를 일깨워주는 것만으로도 큰 도움을 줄 수 있습니다.

CHAPTER

7

공부의 추월차선 제3원칙:

아이를 맞춤형 온라인 학습과 연결하라

만약 온라인 학습을 학교교육을 보완하거나 대체재로만 생각한다면, 아마도 아이가 컴퓨터나 패드를 들여다볼 때마다 쓸데없는 데 시간 보내는 딴짓으로만 보일 겁니다. 온라인 학습을 좀 더 넓게 바라본다면 학교교육 외에도 아이가 자신의 재능과 관심사에 따라 맞춤형으로 배우는 흥미진진한 과정으로 이해할 수 있을 것입니다.

이 장에서는 가정에서 경험하는 온라인 학습에는 어떤 종류가 있으며, 온라인 학습을 어떻게 시작하고 확장할지 살펴보고, 학교의 온라인 원격 교육을 자기주도적으로 학습하는 방법에 대해서 살펴보겠습니다.

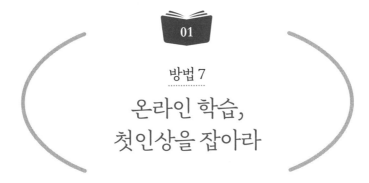

방법 7

온라인 학습,
첫인상을 잡아라

세계적 거장들에게 지도받는 요즘 아이들

한국 최초로 유튜브 조회수 1억 뷰를 넘긴 기타리스트 정성하 군은 10세 때 아버지의 기타 연주 소리를 듣고 기타에 관심을 갖게 되었습니다. 그 후 유튜브를 보며 핑거스타일 기타를 독학으로 익혔습니다. 그리고 자신의 연주를 유튜브에 하나씩 업로드하기 시작했습니다.

정성하 군의 연주가 유튜브에서 높은 조회수를 기록하며 유명해지자 전 세계적 이목이 몰리기도 했습니다. 제이슨 므라즈의 한국 공연에서 함께 기타를 치는가 하면, 세계적인 기타리스트 거장들이 유튜브 영상에 댓글을 달기도 했습니다. 그 후로도 꾸준히 앨범을 내며 많은 이들의 사랑을 받고 있습니다. 그리고 자신과 같이 유튜브로 독학을 하는 많은 크리에이터들을 응원하기도 합니다.

프로야구 롯데 자이언츠 김서진 선수의 훈련 메이트 역시 유튜브였습니다. 김서진 선수는 훈련이 잘되지 않을 때, 실력이 나아지지 않을 때 메이저리그 코치들의 지도나 강연, 플레이 영상을 보며 타격폼과 타격법, 훈련 방법을 고민했습니다. 유튜브의 여러 영상을 접한 덕분에 영어를 비롯해 스페인어, 중국어 등의 언어 공부도 가능했다고 합니다.

초등학교 6학년 12세 나이에 전 세계 드론 대회에서 우승한 김민찬 군 역시 그 비결을 유튜브로 꼽습니다. 이런 이유로 유튜브를 '유선생'이라고 부르기도 합니다.

우리가 온라인 학습에서 놓치지 말아야 할 것은 온라인 학습이 단지 교과 교육을 다루는 특화된 교육 플랫폼에서만 이루어지는 것이 아니라는 점입니다. 이렇게 자발적으로 자기의 관심사를 파고들어 온라인의 여러 자료들을 꿰어내고 엮은 결과 우수한 성장을 이루는 경우가 주변에 수없이 많습니다.

가정에서의 온라인 학습, 우리가 놓치고 있는 것들

온라인 학습은 크게 학교 교사가 주도하는 온라인 원격 교육과 가정에서 부모나 아이가 주도하는 자유로운 형태의 온라인 학습으로 구분할 수 있습니다. 학교의 온라인 원격 교육은 성실히 수업에 임하는 자기 주도적 학습 태도와 습관이 중요한 반면, 가정 내 온라인 학습의 경우에는 동기와 재능을 기반으로 놀이처럼 즐기는 학생의 경험과, 공감하고 지지해주는 부모의 관심이 중요합니다.

학교의 온라인 원격 교육이든, 가정에서의 온라인 학습이든 '온라인 학습이 오프라인 활동을 촉진시키는 매개가 되도록 하려면 어떻게 해야 할까' 하는 점이 교육의 키포인트입니다. 앞서 나온 기타리스트 정성하 군, 롯데 자이언츠의 김서진 선수, 드론조종사 김민찬 군 모두 온라인 콘텐츠를 보는 데서 그치지 않고 오프라인에서 연습을 해서 실력을 끌어올렸습니다. 이를 교육과정에서는 온·오프라인 융합형 교육이라고 말합니다.

학교의 온라인 원격 교육

• 줌 수업, e학습터, 디지털교과서, ebs 온라인 클래스 등

가정에서의 온라인 학습

• 유튜브(검색 및 알고리즘 추천 서비스)

• 코딩, 영어, 독서 토론, 피아노, 글쓰기 등 주제별 온라인서비스

• 학교 교과과정 보충용 교육 서비스

  (윙크, 엘리하이, 밀크티, 와이즈캠프, 아이스크림 홈런 등)

최근 아이들이 가정에서 경험하는 온라인 학습은 윙크, 밀크티, 엘리하이, 와이즈캠프, 아이스크림 홈런 등 교육 기업에서 제공하는 학교 교과과정 보충용 교육 서비스들입니다.

그런데 아이들이 그보다 훨씬 더 먼저, 흔히 접하는 온라인 서비스가 있습니다. 바로 관심사에 대한 검색과 추천 알고리즘에 따라 개인화된 콘텐츠가 제공되는 유튜브입니다. 요즘에는 서너 살만 되어도 유튜브에 노출되지 않은 아이들을 거의 찾아보기 어렵습니다. 활용하는 비중은 유튜브가 월등히 높은데 유튜브에서 무엇을 어떻게 시청하는지는 온전히 아이들의 선택에 맡겨지는 경향이 있습니다.

대부분의 아이들은 유튜브 같은 플랫폼을 통해 아주 어린 시기에 온라인상의 여러 서비스와 콘텐츠에 노출됩니다. 이때 온라인에서 무엇을 할 수 있는지, 스마트폰이나 스마트패드, 컴퓨터가 어떤 기기인지에 대한 첫인상이 형성됩니다. 어떤 아이들에게는 게임하는 용도이고, 어떤 아이들에게는 만화영화를 보는 용도로 활용됩니다. 때로 온라인에서 제공되는 심리적 알고리즘에 따라 자극적인 내용들을 무분별하게 접하게 되기도 합니다. 하지만 앞의 사례에서처럼 어떤 아이들에게는 자기에게 필요한 최고의 선생님이 되어줍니다. 따라서 아이가 온라인 세상을 접할 때는 부모님의 세심한 가이드가 필요합니다.

검색 및 알고리즘 추천 서비스, 똑똑하게 이용하는 법

많은 부모님들이 온종일 유튜브를 끼고 사는 아이의 뒷모습을 보며 깊은 한숨을 쉬곤 합니다. 밥을 먹을 때조차 유튜브를 보는 아이를 보면 마음이 답답해지고, 디지털 기술들을 모조리 쓰레기통에 버리고 싶은 심정이라고 말씀하십니다. 한편으로는 스마트 세상에서 태어난 이상 어쩔 수 없다고 눈감아줘야 하나 싶기도 합니다. 그런데 왜 우리 아이는 유튜브에 이렇게 심취하는 것일까요?

유튜브로 이해하는 알고리즘의 기본

유튜브의 기본적인 알고리즘 틀은 이렇습니다. 먼저 사용자의 빅데이터를 분석합니다. 구글 또는 유튜브에서 어떤 키워드를 검색했는지, 어떤 콘텐츠를 오래 시청했는지에 따라 사용자가 좋아할 만한 인기 콘텐츠를 추천합니다. 아이가 오래 본 콘텐츠(관심 영역)와 유사한 콘텐츠, 연관 콘텐츠, 관심사가 비슷한 사용자가 많이 조회한 콘텐츠 등을 보여주는 것입니다. 이 알고리즘이 계속해서 유튜브 시청으로 끌어들입니다. 어른들조차 계속해서 다음 영상을 보게 되는데 조절 능력이 충분히 갖추어지지 않은 아이들의 경우, 유튜브의 늪에서 헤어 나오기 힘들죠.

이처럼 유튜브는 사용자의 관심 분야 또는 배우고 싶어 하는 분야의 동기를 정확히 읽어내며, 사용자의 빅데이터를 기반으로 가장 흥미로

위할 만한 분야의 영상 경험을 제공합니다. 그러니 아이가 학습과 성장에 도움을 줄 만한 키워드를 자주 입력하고, 관련된 영상을 오래 시청한다면 유튜브는 맞춤형 온라인 학습을 지원하게 됩니다. 세상의 수많은 콘텐츠와 아이를 연결시켜주며, 깊이 있게 또한 확장된 형태로 공부를 돕습니다. 이 경험은 실제로 경험해보고 싶다는 생각으로 이어집니다.

저도 아이와 가끔 유튜브를 시청하는데, 이때 키워드를 정말 고심합니다. 그 키워드로 아이에게 어떤 콘텐츠가 노출될지 결정되기 때문입니다. 한 번 키워드를 잘못 입력해서 원하지 않는 영상을 몇 개 클릭하고 나면 엉뚱한 콘텐츠들이 쏟아집니다. 키워드를 고심해서 입력해도 가끔은 엉뚱한 콘텐츠들이 추천되기도 합니다. 그래서 사전에 먼저 아이가 좋아할 만한 채널을 검색하고 어떤 콘텐츠가 제공되는지 샅샅이 알아본 뒤 채널을 구독하고 유튜브 키즈 앱을 통해 시청합니다. 이는 아이가 아직 어리기에 가능한 일입니다. 초등학교 3, 4학년만 되어도 부모가 제어하기는 쉽지 않습니다.

만약 아이의 유튜브 계정에 불량식품 같은 콘텐츠만 가득 추천된다면, 계정을 새로 만들어 아이가 좋아할 만한 유용한 콘텐츠들을 검색해보시기 바랍니다. 드론 날리기, 영상 콘텐츠 편집, 유튜브 채널 운영 방법, 코딩으로 게임 만들기, 케이크 굽기, 작사나 작곡하기, 종이접기, 데생의 기초 등 아이가 직접 오프라인에서 해볼 수 있는 관심사를 찾아봅니다. 인터넷에 검색해보면, 관심사가 비슷한 아이들이 즐겨 볼 수 있는 채널 목록을 쉽게 발견할 수 있습니다. 그 채널들을 아이와 함께 시청하며 아이의 취향과 성향을 파악합니다. 그리고 관심 분야의 영어 키워드도 꼭 검색해봅니다. 국내외의 다양하고 유익한 콘텐츠에 접근할 수 있습니다. 강의보다는 아이가 먼저 경험해보고 즐거워할 수 있는 실험이나 체험 영상부터 접근해보시기 바랍니다.

수많은 유튜버들이 자신들만의 핵심 기술을 유튜브에 공개합니다. 자세히 보면 단순히 지식을 강의하지 않습니다. 사용자가 가장 알고 싶어 하지만 어디에서도 듣기 힘들었던 진짜 '꿀팁'들을 공개합니다. 유튜브 콘텐츠들의 앞부분에 이런 멘트를 자주 볼 수 있습니다. "이 영상을 보고 나면, 어떤 문제를 해결할 수 있을 것입니다." 유튜브 영상들은 문제 해결과 실제 맥락에 초점을 둔 매우 실용적인 콘텐츠들입니다. 절차와 지식을 단순히 책으로 배우는 데는 한계가 있습니다. 예를 들어 교과서를 보면서 드론을 날려보긴 어렵습니다. 하지만 유튜브 영상들은 드론을 당장 날려볼 수 있도록 쉽게 가이드해줍니다. 하물며 아이들의 입장에선 어떨까요?

유튜브의 독보적인 장점

수준에 맞게 가르쳐준다는 것은 정말 중요합니다. 만약 초등 저학년 아이가 드론에 관심이 생겨 관련된 강의를 접한다고 생각해봅시다. 이런 상황에서 최신 기술 트렌드와 드론 작동의 원리를 설명하는 이론 강의를 듣는다면 본인 관심에 비해 수준과 난이도가 높기 때문에 공부하고 싶다는 생각이 사라질 수도 있습니다. 개념 학습도 중요하지만 때로는 강의식 전달은 아이들의 관심을 사그라트리기도 합니다. 하지만 드론 제품을 직접 구매해 조립하고, 리모콘으로 컨트롤하며 하늘에 띄워보는 경험으로 아이를 이끈다면, 아이는 드론을 조금 더 알고 싶다는 강력한 동기를 느낄 것입니다. 이는 어려운 개념이나 원리를 이해하고 싶다는 학습의 불씨를 만들어줍니다.

초보가 왕초보를 가르치는 것이 유튜브 영상들의 특징입니다. 수준에 따라 조금씩 더 깊이 있고 도전적인 난이도의 영상들이 추천됩니다. 드론을 1년 날려본 사람이 드론을 처음 접하는 사람들을 위해 콘텐츠를 제작합니다. 드론 날리기 5년차가 1년차를 위해 콘텐츠를 제작합니다. 이들은 모두 비슷한 시행착오를 겪어보았기에 서로에게 어떤 지식이 필요하며, 어떻게 해야 빠르게 문제를 해결할 수 있는지 가장 잘 알죠.

유튜브는 관심 분야를 확장시켜주기도 합니다. 드론을 좋아하는 사용자들이 주로 선호하는 콘텐츠 데이터를 기반으로 확장된 경험을 추천합니다. 유튜브로 드론을 공부하던 이가 유튜브 추천에 따라 자율주행 자동차를 접하는 등 관심 분야가 확장됩니다. 사용자끼리는 댓글 등으로 상호작용하며, 관심사가 비슷한 채널 구독자를 중심으로 강력한 커뮤니티를 형성합니다.

유튜브의 또 다른 장점은 여러 언어로 만들어진 다양한 문화권 콘텐츠를 볼 수 있다는 점입니다. 우리나라 콘텐츠뿐 아니라 해외의 콘텐츠까지 찾아보기 쉽습니다. 영어 공부를 목적으로 억지로 유튜브를 본다면 흥미를 잃을 수 있지만 관심 분야의 해외 콘텐츠를 찾아보는 건 또 다른 즐거움을 줍니다. BTS를 좋아하는 아이가 BTS 노래로 영어 공부하는 것과 같은 맥락입니다. 영어를 학습의 대상으로 생각하기보다는 관심 분야의 정보나 이야기를 소통하는 수단으로 활용한다면 아이들은 틀에 갇히지 않고 다른 문화권의 여러 콘텐츠를 경험하게 됩니다. 무엇보다 세계 최고의 석학들을 만날 수 있습니다. 이전에는 불가능했던 일입니다.

저는 매일 아쉬탕가 요가를 수련합니다. 아침마다 전 세계적으로 유명한 해외의 요가 강사들을 유튜브로 만나곤 합니다. 유튜브가 아니라면 이분들을 어떻게 만났을까요. 일반적으로 영어로 진행되지만 수업을 듣는 데 영어 실력은 크게 중요하지 않습니다. 저는 요가와 관련된 중요한 어휘들을 바탕으로 추측하면서 수업에 참가합니다. 요가라는 제 관심 분야와, 만나고 싶던 이를 영상으로 접하는 점이 가장 좋습니다. 영어를 알아듣는 귀가 열린다는 것은 부가적인 효과입니다. 이는 단언컨대 정말 추천할 만한 좋은 외국어 학습법입니다.

아이들이 어린 시기부터 온라인에 노출되기 때문에 교사 이전에 부모가 온라인상에서 무엇을 어떻게 활용할지 알려주어야 합니다. 아이에게 유튜브 계정을 개설시켜주고, 관련 키워드를 미리 검색해 부모가 먼저 살펴봅니다. 그 내용을 바탕으로 아이와 함께 대화해봅니다. 자연스럽게 그 채널에는 아이의 관심 분야와 관련된 콘텐츠들이 추천될 것이고, 부모가 생각지도 못했던 아주 유익한 영상들도 그 안에 포함될 수 있습니다. 추후 아이가 그 채널에 접속해 부모와 함께 이야기 나누었던 내용을 살펴볼 테니 유튜브를 어떻게 사용하면 유익할지 저절로 배울 것입니다.

유튜브의 치명적인 약점

반면 유튜브에는 치명적인 약점이 있습니다. 첫째, 영상에서 다루는 모든 내용이 '진짜'가 아닐 수 있습니다. '탈진실의 시대'라는 말이 있을 정도로 거짓이 난무합니다. 때로는 각자가 진실이라고 주장하는 정보가 다르기도 하고, 이념적인 성향에 따라 왜곡되기도 합니다. 진짜 정보들 사이에 섞인 거짓 정보들을 어떻게 걸러낼 수 있을까요? 다른 정보들과 비교하며 검증하고 비판적으로 받아들이는 이른바 '비판적 사고력'이 필요합니다.

이런 이유로 초등학교 3학년까지는 유튜브 시청에 어른들이 좀 더 적극적으로 개입할 필요가 있습니다. 자기조절 능력이나 비판적인 사고 능력이 충분히 형성되지 않은 상태에서 아이가 유튜브를 스스로 조작하고 시청하면 위험할 수 있습니다. 부모가 스마트폰을 제어한 상태에서 텔레비전으로 미러링하거나, 다운로드 받아놓은 영상을 활용하거나, 사전에 콘텐츠와 채널을 적극적으로 함께 탐색하는 등 관여할 방법을 찾아 아이와 함께 시청하는 것이 좋습니다.

둘째, 단순히 자극적이고 유희적인 영상만 보려고 하는 경우입니다.

앞서 살펴본 바와 같이 유튜브는 이용자의 입맛에 맞는 영상을 추천합니다. 만약 저급 콘텐츠를 좋아하는 이용자라면 자극적이고 유희적인 영상들 위주로 추천받을 것입니다. 현란한 영상 구성과 폭력적인 소리, 잡다한 효과음으로 아이들의 시선을 사로잡곤 합니다. 똑같이 유튜브를 보고 있어도 누군가는 지적인 궁금증을 해소하는 데 활용하고, 누군가는 자극적이고 유희적인 영상들에 지속적으로 노출됩니다. 그리고 끝없이 관련 추천 영상이 이어지기에 그 고리를 차단하기 어렵습니다. 이런 경우는 옆에서 제지해줄 필요가 있습니다.

마지막으로 유튜브에서 접하는 콘텐츠들은 주로 짧게 분절된 형태가 많기 때문에 단발적인 문제 해결에는 도움이 되지만, 깊이 있는 이해에 도달하기는 어렵습니다. 아이가 유튜브를 통해 특정 분야에 관심을 보이며 학습의 불씨를 틔웠다면 더 폭넓고 체계적으로 배울 수 있는 정규 과정으로 이끌어주는 게 좋습니다.

늦었다고 생각이 된다면 지금부터 차근차근 해나가면 됩니다. 학습용 계정을 새롭게 개설해 키워드 입력부터 새로 하여 노출 리스트를 다시 한 번 꾸며보세요. 아이가 단순히 심심할 때 보는 계정과, 알고 싶어서 지적인 궁금증을 해결하기 위해 보는 계정 두 가지로 구성하는 것입니다. 두 번째 계정은 좀 더 신중히 구성해보세요. 그리고 시간을 내어 함께 시청해봅니다. 자신의 관심 분야에 대한 영상이라면 아이들은 분명 공부하는 재미를 느낍니다. 그리고 유튜브로 공부한 내용을 어떻게 하면 오프라인에서 직접 경험해볼 수 있을지 고민해보시기 바랍니다.

이렇게 유튜브는 알고 쓰면 학습의 유익한 도구가 됩니다.

어린아이와 온라인 콘텐츠

/

세계보건기구WHO는 2019년 4월 24일 어린이의 스마트폰 사용과 관련한 첫 가이드라인을 발표했습니다. 2~4세 어린이는 하루 한 시간 이상 지속해서 스마트폰 등 전자기기 화면을 봐서는 안 되고, 1세 이하는 전자기기 화면에 노출되는 일이 없도록 해야 한다는 권고안입니다.*

여기에는 스마트폰은 물론 텔레비전과 게임기도 포함됩니다. 텔레비전 시청이나 게임 등 정적인 활동보다는 적절한 신체 활동과 충분한 수면이 비만과 각종 질병을 예방하고 건전한 습관을 길러낸다는 것이 세계보건기구 가이드라인의 골자입니다.

유튜브처럼 스마트폰으로 접하는 온라인 콘텐츠들은 사실 영유아기 아이들에게 별로 좋지 않습니다. 아직 전두엽이 발달하지 않아서 조절 능력이 떨어지기 때문입니다. 전두엽은 생각, 판단, 운동, 계획수립, 의사결정 등 인지기능과 직결돼 있고 청소년기에 발달됩니다. 충동성과 관련된 피질하의 부위는 전두엽보다 1~2년 더 먼저 성숙한다고 알려져 있습니다.

———
* 〈스마트폰 중독 환경 아이들, WHO 첫 가이드라인 주목〉, 《데일리뉴스》, 2019. 5. 20.

전두엽이라는 컨트롤타워가 아직 성숙하지 않은 초등학교 저학년까지는 즐거운 것을 스스로 조절하기가 어렵습니다. 절제력을 발휘해 스마트폰을 그만 보는 것이 불가능한 시기죠. 때문에 스마트폰이나 영상물 중독에 취약하고, 오랜 시간 영상물을 시청할 경우 짜증을 내거나 산만해집니다. 부모가 스마트폰 시청을 제지하면 감정이 폭발하기도 합니다. 아주 자연스러운 반응입니다. 따라서 영상 시청에 제한된 시간을 걸어놓고 아이와 원하는 콘텐츠를 정해진 시간만큼 시청하는 등 적극적인 제재가 필요합니다. 시간이나 시청 편수를 아이와 미리 약속하고 영상을 끄기 전 몇 번 예고해줍니다. 미리 부모가 예고해주면 아이들이 받아들이는 데 조금 수월해집니다.

스마트폰이나 컴퓨터를 볼 때 주의해야 할 사항

아이에게 스마트폰이나 컴퓨터, 패드 등을 허락할 때 주의해야 할 사항이 있습니다. 노출 시간도 문제이지만 아이들에게 잘못된 인상을 심어주지 않도록 해야 합니다. 예를 들어 온라인 접속을 만화영화나 게임으로 한정해서 생각하거나, 심심할 때 영상을 찾기 위한 것 혹은 밥을 잘 먹거나 말을 잘 들으면 자유롭게 놀 수 있는 보상이라는 공식이 생긴다면 추후에 온라인으로 학습할 때 매체를 제대로 활용하기 어려워집니다. 자극적이고 흥미 있는 영상물에 이미 중독이 되면 온라인 학습을 하는 중에 쉽게 흥미를 빼앗깁니다.

그림책을 한 질 고를 때를 생각해보세요. 매우 고심해서 고릅니다. 오랫동안 볼 수 있으면서 아이가 좋아할 만한 교육적인 그림책을 찾으려 노력합니다. 아이에게 보여줄 영상도 이처럼 신중해야 합니다. 어쩌면 그림책보다 훨씬 더 신중해야 합니다. 온라인에서 유통되는 콘텐츠 중에는 치명적인 경우도 아주 많습니다. 특히 성인 계정으로 로그인된 유튜브를 그냥 쥐여줄 경우, 아이들은 접해서는 안 될 영상마저 노출됩니다.

유튜브 키즈 앱은 보호자 전용 설정을 통해 부모가 승인한 콘텐츠(컬렉션, 채널, 동영상)만 노출할 수 있습니다. 그러나 아이가 초등학교 저학년만 되더라도 유튜브 키즈 앱을 이용하지 않는 경우가 많고, 보호자 설정도 무용지물이 됩니다. 특정 채널, 제한된 주제 혹은 영어로 제작된 콘텐츠에 노출시켜주고 싶다면 유튜브 미디어 환경을 미리 세팅해놓을 수 있습니다.

초등학교 저학년 아이라면 '콘텐츠 직접 승인 설정'을 통해 아이 취향에 따라 채널과 콘텐츠를 미리 선정하세요. 아이가 관심을 보일 만한 주제, 오프라인 활동과 병행할 수 있는 유익한 영상을 고릅니다. 드론이나 로봇, 곤충, 실험 등 좋아하는 키워드를 넣고 해외 유명 채널 목록들도 포함시킵니다. 아이가 관심 영역을 깊이 알아갈 뿐 아니라 영어 흘러듣기에도 도움이 됩니다.

처음 매체를 보여줄 때 주의할 점 세 가지

처음 매체를 접할 때는 첫째, 호흡이 느린 아주 잔잔하고 심심한 콘텐츠로 시작합니다. 처음부터 자극적이고 현란한 영상이나 서비스를 접하고 나면 이전으로 돌아가기 어렵습니다. 아이에게 처음 밥을 먹일 때 미음으로 시작해서 초기-중기-후기 이유식을 거친 뒤 일반식을 먹이듯이, 콘텐츠 역시 잔잔하고 느린 것들로 시작으로 하는 것이 좋습니다. 장면만 바뀌면서 느리게 책을 읽어주는 영상이나, 아이가 궁금해하는 실제 동물들이 등장하는 영상도 생각보다 좋아합니다. 영상 자체가 주는 실재감 때문에 심심한 영상도 처음에 접하면 집중해서 봅니다. 우주의 광활함을 다루는 영상이나 진화를 다루는 영상은 오직 콘텐츠로만 구현할 수 있으면서도 흥미롭습니다. 그리고 오디오 콘텐츠도 활용해보시기 바랍니다. 요즘 양질의 오디오북들이 다양한 플랫폼에서 제공되고 있습니다. 특히 스토리텔은 스웨덴에서 시작한 오디오북 회사로, 한국 책뿐 아니라 영어 원서의 오디오북도 제공하고 있어 영어를 흘려듣기에도 좋습니다.

둘째, 아이가 글을 모를 때 책을 읽어주듯이 함께 매체를 시청하고 아이와 대화를 나누시기 바랍니다. 그러면 영상에 빠져 있다가도 쉽게 빠져나와 부모와 눈을 마주칠 수 있으며 아이와 관심사에 대해 소통할 수 있습니다. 어린이를 대상으로 한 콘텐츠임에도 간혹 문제시되는 영상이 나오는 경우도 있으니 그럴 때 바로 제지하고자 하는 목적도 있습니다.

셋째, 유튜브와 같은 온라인 영상 플랫폼을 스스로 조작하도록 그냥 쥐여주지 마세요. 유튜브의 알고리즘은 끊임없이 더 오랜 시간 영상을 시청하고, 멈출 수 없도록 설계되어 있습니다. 어른 역시 조절이 힘든데 아직 조절 능력이 발달되지 않은 아이들의 경우는 어떨까요. 옆에서 함께 보기 어려운 경우에는 유튜브가 아닌, 교육 목적용으로 엄선된 콘텐츠만을 담은 어린이 특화 서비스를 이용하거나 아이의 관심사를 바탕으로 다운로드받은 영상 혹은 음원을 활용하는 것이 좋습니다. 여러 통신사에서 제공하는 어린이용 콘텐츠를 활용하는 것도 방법입니다.

이와 같은 초기 접근 방법은 온라인 학습에 대한 첫 인상을 긍정적으로 형성할 수 있습니다. 이후 조금씩 온라인에서 할 수 있는 일들에 대한 자율성을 허락하면 초등학교 고학년이 되었을 때, 유튜브로 만화도 보지만 관심 분야나 궁금한 점 등 필요한 자료를 검색하고 찾아볼 줄도 알게 됩니다. 검색 방법도, 양질의 자료에 도달하는 방법도 알게 되죠. 물론 인간이기에 옆으로 새기도 하지만 이는 성인도 마찬가지니까요.

마지막으로 시간 조절 능력을 길러주어야 합니다. 계속 보고 싶어도 정해진 시간이 지나면 반드시 꺼야 한다는 규칙을 세웁니다. 힘들더라도 정해진 시간만큼 함께 시청하고 함께 마무리함으로써 매체에 대한 규칙을 인지시켜주시기 바랍니다. 초등 저학년까지는 잘 엄선된 느리고 심심한 콘텐츠를 간헐적으로 경험해보는 시기입니다. 이때 주의할 것은 콘텐츠 시청이 아이의 지배적인 경험이 되어서는 안 된다는 점입니다. 온라인에서 보고 배우는 내용이 오프라인 활동이나 경험, 직접 해보고 도전하고자 하는 의지를 고취시키는 방향으로 활용되어야 합니다. 온라인 활동의 진짜 목표는 온라인을 활용해 아이의 관심사를 찾고 키울 수 있도록 안내하는 것입니다.

방법 8
·············

지식 콘텐츠부터
단계별로 시작하라

온라인 학습, 단계별로 시작하자

온라인 학습이 최종적으로 지향하는 바는 자신의 생각이나 의견, 창작물을 온라인에 올리기도 하고, 양질의 강의를 찾아 듣거나 자료를 찾아 읽기도 하며, 자신과 비슷한 관심사나 문제의식을 가진 전 세계의 학생들과 소통하고 토론하고 협업을 하는 등 쌍방향 활동을 수월하게 하는 것입니다.

하지만 초등학교 학생들이 온라인상에서 자유롭게 쌍방향의 활동을 하기는 쉽지가 않습니다. 따라서 단계별로 접근하는 게 좋습니다. 먼저 한글이나 영어의 파닉스처럼 배우고 익힐 내용이 뚜렷한 짧은 분량의 콘텐츠 학습으로 시작합니다. 10명 이하의 소규모 인원으로 운영되는 줌 수업도 좋습니다. 본격적으로 온라인 학습을 경험하기 전에 온라인 학습이 무엇이며 아이와 잘 맞는지 점검해보는 준비 과정이라고 생각할 수 있습니다. 고학년으로 가면 교사나 학생과 서로 소통하거나 자신이 직접 검색해 자료를 찾고 내용을 구성하여 발표하는 과제 중심의 온라인 학습이 가능해집니다. 이때도 모든 학습을 온라인으로 대체하기보다 한두 영역을 선택해 깊이 있게 온라인 학습에 접근해보는 것이 좋습니다.

필수 지식, 온라인 학습으로 쉽게 배우기

/

처음 온라인 학습을 시작할 때는 여러 가지를 시도하기보다 하나의 목표를 정해서 시작해보는 것이 좋습니다. 부모도 아이도 온라인 학습 적응력을 키울 수 있습니다. 아이가 관심을 보이는 것 중 한글이나 파닉스처럼 꼭 배워야 하는 필수 지식이나 바둑, 체스처럼 규칙이 명확한 것을 추천합니다. 과정을 고를 때도 학습 기간이 긴 것보다 짧은 것을 고릅니다. 학습 기간이 길면 과정을 끝까지 해내기 쉽지 않습니다.

1. 아이가 관심을 보이는 분야를 찾습니다.
2. 짧게 구성된 온라인 학습 과정을 찾아 아이와 학습합니다.

3. 오프라인의 다양한 활동과 연계합니다.

한글을 예로 들어보겠습니다. 아이가 부모와 읽던 책을 스스로 읽고 싶어 하거나, 길에서 발견하는 간판 등에 쓰인 한글을 궁금해한다면 한글을 가르치기 적합한 시기죠. 스스로 한글을 배우고 싶은 강력한 동기가 생겼기 때문입니다. 이때 한글과 관련된 온라인 학습 콘텐츠를 활용해 한글의 원리를 가르쳐줄 수 있습니다. 한글은 원리가 분명하고 외울 것이 많지 않아 배우기 쉬운 과학적인 문자입니다. 각 기호의 음가와 모음과 자음이 결합되었을 때 만들어지는 음가의 원리만 알면 금세 한글을 읽을 수 있습니다.

잘 만들어진 영상이나 온라인 학습 콘텐츠는 자칫 지루할 수 있는 한글 공부를 보다 재미있게 배울 수 있도록 돕습니다. 한글 교육을 체계적으로 연구한 전문가들이 만든 콘텐츠라면 더욱 믿을 수 있습니다. EBS에서 개발한 〈한글이 야호〉, 〈한글용사 아이야〉는 자모 결합 원리를 근간으로 한글을 체계적이면서도 재미있게 익힐 수 있도록 구성되어 있습니다. 이야기와 말놀이, 노래와 율동, 글자 놀이를 통해 흥미를 이끌어냅니다. 이 콘텐츠는 방송 혹은 유튜브, 앱을 통해 순서대로 시청할 수 있습니다. 또한 인터넷 홈페이지에서 활동지를 다운받을 수 있고, 워크북도 구매 가능하기 때문에 자녀와 함께 온라인 학습을 경험해보기 적합합니다. 〈한글공부〉, 〈바닷속 한글놀이〉 같은 앱에서는 자음, 모음과 낱말을 손으로 써볼 수 있습니다. 낱말 찾기, 단어 퀴즈, OX

퀴즈 등 다양한 형태의 활동이 수준별로 제공되어 재미있게 한글을 익힐 수 있습니다.

만약 아이가 오랫동안 자유롭게 유튜브를 보아 온라인 활동에 대한 규칙이 몸에 배지 않았다면 유튜브로 온라인 학습에 접근하는 것은 어려울 수 있습니다. 온라인 학습에 전혀 집중하지 못하거나, 과몰입해서 계속하려고 하거나 금세 흥미를 잃고 다른 앱이나 영상을 보려고 떼를 쓸 수도 있습니다. 아이가 이런 반응을 보일 경우에는 유튜브나 앱보다는 선생님과 실시간으로 상호작용을 해야 하는 줌 수업이 효과적입니다. 아이들의 다양한 관심사를 다루는 온라인 라이브 키즈스쿨 '꾸그' 같은 줌 수업 채널이 있습니다. (줌 수업 참여도 어렵다면 아이가 준비될 때까지 온라인 학습을 뒤로 미룹니다.)

온라인 학습의 장점은 반복해서 들을 수 있고, 선생님의 편차 없이 양질의 수업을 접할 수 있다는 데 있습니다. 온라인 학습을 하며 한글을 잘 따라 읽더라도 책 읽기나 직접 쓰는 경험은 반드시 필요합니다. 짧은 과정의 필수 지식을 온라인으로 학습했다면 독서나 간판 읽기, 카드 쓰기 등 오프라인에서 충분히 적용해보도록 경험을 이끌어줍니다. 실생활에 활용할 수 있는 살아 있는 지식으로 만드는 과정입니다.

아이가 온라인 학습을 자연스럽게 받아들일 때까지는 어른들의 노력이 필요합니다. 가능하다면 온라인 학습용 스마트기기를 따로 마련하면 좋습니다. 미리 자녀 관리 앱으로 사용 시간이나 사용 앱을 제안해두되, 그 안에서는 아이에게 자율성을 허락해주세요.

아이의 학습 동기와 관심 분야 파악하기

초등 저학년 시기에는 상대적으로 학업량이 많지 않습니다. 한글이나 파닉스처럼 짧은 단위의 지식 콘텐츠를 주로 경험합니다. 그리고 아이의 관심 분야에 대한 온라인 서비스를 조금씩 경험해볼 수 있습니다. 온라인에서 어떤 일들을 할 수 있는지 맛을 보고, 초기 인식을 형성하는 것입니다. 이 시기는 아이의 강점과 관심 분야를 알아가기에 매우 적합합니다. 아이가 어떠한 강점과 취약점이 있는지 파악하기에 좋습니다.

아이들이 실패해도 다시 도전할 수 있는 자신감을 길러주기 좋은 시기입니다. 아이가 도전하고 부딪히고 실패하는 과정에서 스스로를 알아가도록 도와주시기 바랍니다. 자신감은 긍정적인 학습 경험을 쌓으며 강화됩니다. 부족한 부분을 찾아 보완하기 위한 교육보다 잘하는 것을 찾아 작은 성공을 반복해 쌓아가며 긍정적인 자아상을 가질 수 있는 교육이 삶에 큰 자양분이 됩니다.

아이의 관심 분야를 알아보는 데는 여러 가지 방법이 있습니다. 부모님의 경우 영유아기에 아이가 좋아하던 책 목록이나 콘텐츠 목록 등을 통해 어떤 분야에 흥미를 느끼는지 조금은 가늠해볼 수 있습니다. 손으로 그리거나 만들기를 좋아하는 아이도 있을 테고, 레고 조립하기를 좋아할 수도 있습니다. 수학 개념이나 과학 실험과 같은 분야에 관심이 많은 아이도 있을 것입니다. 혹은 책읽기에 뚜렷하게 관심을 보이는 아이도 있습니다.

아이의 관심 분야 한두 가지를 중심으로 온라인 학습을 시작하는 것이 좋습니다. 되도록 사전에 제작된 동영상 강의를 보고 아이가 따라 연습하거나 연습을 통해 학습한 내용을 충분히 이해하고 적용해볼 수 있는 수업을 추천합니다. 종이접기나 클레이, 피아노 연주, 과학실험 등이 있습니다. 콘텐츠의 분량은 10분 이내로 짧은 것이 좋습니다. 콘텐츠 시청 후 오프라인에서 직접 활동해보도록 이끌어주시기 바랍니다. 배움에 대한 의지나 즐거움 등 아이의 달라진 모습을 확인할 수 있을 것입니다.

온라인 학습, 누구에게나 반드시 필요할까?

온라인 학습에 접근할 때 주의해야 할 점이 있습니다. 모든 학습을 온라인 학습으로 대체하겠다는 생각은 위험합니다. 이런 경우 온라인 학습은 겉핥기식의 강의식 학습에 머물게 될 수 있습니다.

접근성이 좋아진 까닭에 최근 초등학생들의 온라인 학습 이용률이 급성장하고 있습니다. 반복해서 학습하고 다양한 지식들을 재미있게 암기합니다. 똑같은 내용인데 책으로는 시큰둥해하던 아이가 스마트패드로는 관심을 보입니다. 패드로 공부한다는 것 자체로 그저 좋아하는 아이들도 많습니다. 효과음도 나고 게임의 승부욕을 자극하는 등 여러 기능들이 신기하기 때문입니다. 부모 눈에는 언뜻 아이의 지식이 늘고 지적으로 빠르게 성장하는 것 같아 보입니다. 학습은 속도전이라는 생각에 아이의 온라인 학습이 꽤 만족스럽습니다.

하지만 스마트 패드 교육에 익숙해지다 보면 인쇄된 글을 읽거나 느리게 사고하는 것을 답답해하는 경우가 많습니다. 학교 수업이 심심하게 느껴지고 책과 거리두기가 시작됩니다. 일부는 그저 스마트 패드로 진도를 나가는 데 관심을 집중하기도 합니다.

빠르게 배우는 것이 좋은 것만도 아닙니다. 빠른 학습이 진정한 이해나 지적 성장으로 이어지는지도 의문입니다. 빠르고 정확하다는 효율성은 교육에서만큼은 통하지 않기 때문입니다. 무언가를 배울 때 단지 보고 듣는 것만으로는 충분하지 않습니다. 만약 온라인상에서 어떤 교육 영상을 단 한 번만 보고 100퍼센트 이해할 수 있다고 생각한다면 그 내용을 다시 말이나 글로 표현해보시기 바랍니다. 보고 듣는 것이 모두 이해나 기억으로 이어지지는 않는다는 점을 알게 됩니다.

재미있는 캐릭터가 나와서 각종 흥미와 호기심을 유발하며 1:1 학습을 이끌어나가는 온라인 학습 서비스가 아이의 시선을 잘 잡아두긴 하지만, 너무 빠지게 되면 천천히 글자를 따라가며 깊이 몰입하여 책을 읽거나 친구들과 규칙을 만들며 놀이를 하는 데 어려움을 겪을 수 있습니다.

학습을 할 때 우리는 기존의 지식에 새로운 지식을 더하며 맥락화하는 과정을 거칩니다. 기존의 이해를 조정하든지, 확장하는 방식으로 이루어집니다. 이를 위해서는 골똘히 집중하고 고민하는 시간적 여유가 필요합니다.

하지만 빠르게 지나가는 강의 영상은 아이의 생각이 개입할 틈을 허락하지 않습니다. 아이의 학습 동기를 유지시키기 위해 설치해둔 여러 가지 요소들은 때로 우리가 몰입하고 집중하는 플로우를 빼앗아갑니다. 즉 몰입과 집중은 속도를 결정하는 영상이 장악하게 됩니다. 많은 지식을 빠르게 받아들이다 보면 점점 빠르게 망각하는 것이 익숙해집니다. 망각을 해야 새로운 것을 받아들일 수 있으니 두뇌 역시 효율성을 따르게 되는 것이죠.

초등학생 시기는 느린 학습과 느린 이해를 경험해야 할 시기입니다. 그러나 현란하고 화려한 영상으로 배우기 시작하면 빠르게 잊기도 하거니와 향후 학습시 웬만한 자극으로는 동기가 유지되지 않습니다. 이런 이유로 이른 시기부터 전체 학습을 온라인으로 대체하는 것은 조심해야 합니다.

초등학교 3학년 이하 아이들의 경우는 오프라인에서 흥미를 찾고 좋은 선생님을 통해 잘 배우고 있다면 굳이 온라인 학습을 미리 경험하도록 할 필요는 없습니다. 온라인 학습은 초등 3학년 이후 절제력과 컴퓨터 활용 능력, 전체 맥락에 대한 이해력이 높아지면서 조금씩 늘려가는 게 중요합니다.

초등학교 고학년 역시 마찬가지입니다. 책상에 앉아 온라인 수업을 듣고, 문제를 풀었다고 해서 교과가 요구하는 사고력이 신장되거나 완전학습이 이루어지는 것은 아닙니다. 아이의 능동적인 이해가 필요합니다. 전 과목을 온라인으로 해결하고자 할 경우 집중도는 당연히 떨어질 수밖에 없습니다. 따라서 온라인 학습을 하더라도 몇 개의 과목을 선정해 선택적으로 하며 온라인 학습은 최대한 짧은 시간 진행하고, 스스로 이를 소화하며 이해하는 시간을 가져야 합니다.

이를 위해 먼저 부모가 아이에게 필요한 학습 계획을 세워봅니다. 아이가 흥미를 보이는 분야의 공부를 도울지, 학교 수업 예복습용으로 활용할지, 어떤 과목을 온라인 학습으로 공부할지 목표와 계획을 수립합니다. 초등 고학년이라고 하더라도 전 과목이 들어 있는 패드를 보면 선택지가 너무 많아 일관되게 학습하기 어렵습니다. 선택의 범위를 좁혀서 아이가 온라인 학습의 방향을 정확히 이해할 수 있도록 설명해 주세요.

예를 들어 학교 수업 예복습용으로 사용한다면 과목을 고를 때는 아이가 평소 어려워하는 과목을 중심으로 선정하되, 수학처럼 학생별 수준에 따라 난이도가 분명하게 나뉘거나 시청각 자료를 통해 보고 듣는 것이 이해를 돕는 사회, 과학 같은 과목이 적절합니다. AI 기술이 적용됐다면 아이가 어디에서 학습 보완이 필요한지 정확한 진단이 가능하기 때문에 아이의 완전학습에 도움을 줄 수 있습니다.

아이가 능동적으로 온라인 수업을 소화하려면 기록을 습관화하면 좋습니다. 온라인 수업 중에 과목별 노트를 마련해 필기하며 듣고, 수업을 들은 후에는 한 가지 이상의 질문을 발견하여 적어보면 좋습니다. 필기는 수업 집중도를 높이고 적는 과정에서 더 깊이 이해가 됩니다. 핵심을 적으며 체계적으로 배운 것을 정리해볼 수 있습니다. 수업 후 질문을 적음으로써 배운 내용을 곱씹고 새로운 학습으로 연결할 수 있습니다.

별도의 느린 매체로 사유를 연습하라

같은 소설이나 기사여도 책으로 읽을 때와 온라인에서 읽을 때 받아들이는 방식에 큰 차이가 납니다. 먼저 책으로 글을 읽을 때는 선형적으로 문장을 따라갑니다. 문장을 읽고 문단을 읽고 책장을 넘기는 내내 집중하고 몰입하게 됩니다. 저자의 사유를 따라가며, 질문하는 방식과 문제를 해결하는 방식을 함께 생각하게 하며, 온전히 책에 쓰인 글에 머물 수 있습니다.

반면 인터넷으로 글을 읽을 때는 대부분의 사람들이 제목과 단어를 중심으로 내용을 스케치합니다. 필요한 부분만 발췌해서 살피고, 원하는 내용만 검색해서 봅니다. 글을 다 읽지 않았음에도 중간에 삽입된 하이퍼링크 등을 통해 다른 자료로 넘어가기도 합니다. 때로는 링크를 쫓아가다 보면 본래 읽고 있던 글에서 완전히 벗어난 페이지에 가 있기도 합니다. 본래 왜 인터넷 창을 열었는지조차 잊어버리기도 합니다.

무언가를 검색하려고 웹을 열었다가 생각지도 못한 온라인 페이지에 빠져 시간을 낭비해본 경험이 한 번쯤은 있을 것입니다. 웹은 그만큼 산만하고, 웹에서 글을 읽는 것은 쉽지 않습니다. 짧은 읽기를 선호하는 독자들의 니즈와 검색의 정확도를 높이고자 하는 기술의 방향성에 따라 온라인의 많은 자료들이 짧고 간결하게 탈바꿈되어 있습니다. 같은 소설이나 기사여도 지면에 실린 것과 온라인에 실린 것은 제목의 토씨 하나라도 차이가 있습니다.

《생각하지 않는 사람들》에서 지적한 바와 같이 온라인 세상에 들어갈 때 인간은 겉핥기식 읽기, 허둥지둥 산만한 생각, 피상적인 학습을 종용하는 환경으로 입장하는 셈입니다. 책을 읽으면서도 피상적인 사고가 가능한 것처럼 인터넷을 서핑하는 동안에도 깊이 있는 사고가 가능하겠지만, 이는 인터넷이라는 기술이 관장하고 또 가져다주는 사고는 아닙니다. 정보를 많이 보고 있다고 해서 모두 장기 기억에 머무는 것도 아닙니다. 많은 정보량을 감당하기 위해서 뇌는 수시로 망각회로를 활성화시킵니다.*

따라서 책과 같이 호흡이 긴 글, 즉 느린 매체의 글들을 균형 있게 접하는 것이 좋습니다. 온라인으로 글을 읽어도 좋지 않을까 생각이 들 수 있지만 링크, 배너와 각종 부가 기능은 집중하는 글 읽기에 방해가 되는 경우가 많습니다. 책을 읽는 것만큼은 온라인이 아닌, 지면의 글을 통해 집중해서 읽을 수 있도록 도와줍니다. 책을 많이 읽는 것이 좋다는 것은 두 말 할 필요 없이 자명합니다.

---

* 니콜라스 카, 앞의 책, 193쪽.

03

방법 9

수준과 관심사에 맞는 맞춤형 서비스를 선택하라

학습 도구가 무한한 온라인 환경

온라인 활동에서 어느 정도 자기조절능력이 생기고, 호흡이 짧은 필수 지식 중심의 온라인 학습을 경험했다면, 이제 아이의 수준과 관심사에 따라 맞춤형 서비스를 경험해볼 수 있습니다.

1. 부모 또는 선생님이 아이의 흥미와 관심사에 맞는 온라인 서비스를 서칭합니다.
2. 부모 또는 선생님이 미리 경험하고 아이에게 시범을 보입니다.
3. 아이가 정해진 시간 동안 자유롭게 경험해볼 수 있도록 합니다.

4. 오프라인에서 할 수 있는 경험이나 활동으로 확장해봅니다.

인천광역시에 사는 김채유 군은 13세에 30여 개의 게임을 직접 개발했습니다. 게임하는 아이를 보는 게 힘들었던 부모님은 게임을 만드는 온라인 서비스로 아이를 이끌었습니다. 아이의 흥미와 관심사에 맞는 분야를 온라인으로 경험해볼 수 있도록 도운 것입니다. 김채유 군은 스크래치, 엔트리 등 코딩 서비스를 이용하여 코딩의 기본을 익혔고 게임 개발을 위해 프로그래밍 언어인 파이썬을 독학했습니다. 그 결과 어린 나이에 파이썬이라는 어려운 프로그래밍 언어를 활용하는 게임 개발자가 될 수 있었습니다.

코딩 교육은 초등학교부터 고등학교까지 중요한 교과 중 하나가 되었습니다. 프로그래머는 기업에서 앞다퉈 모셔가는 인재로도 각광받고 있습니다. 컴퓨터 앞에 오래 앉아 있는 아이들은 컴퓨터 언어를 통해 논리적인 사고를 연습하는 코딩 교육에 거부감이 없습니다. 컴퓨터 인터페이스에 이미 친숙하기 때문입니다. 아이에게 각종 온라인 서비스, 교재, 전문 기관이나 동아리 등 다양한 코딩 학습 프로그램들을 경험하게 해주세요. EBS의 코딩 교육 사이트 이솦(www.ebssw.kr)에서는 코딩과 관련된 다양한 교육 콘텐츠를 제공합니다. 수준별, 코딩 언어별로 자신에게 맞는 과목을 선택해 듣고 직접 코딩을 해볼 수 있는 기능을 담고 있습니다. 코딩에 동기 부여를 해주고 싶다면 유튜브 '생활코딩' 같은 재미있는 채널을 활용할 수도 있습니다. 단 유튜브나 포털은 간단한 문제를 해결하는 데 유용합니다. 반면 깊이 있고 체계적으로 배워야 하는 경우에는 한계가 있습니다.

아이의 관심사가 확실해졌다면 초등학교 3학년 이후부터는 온라인이나 오프라인의 정규 과정을 경험하게 할 수 있습니다. 리딩게이트나 리딩앤처럼 영어 독서를 해볼 수 있는 서비스, 스크래치나 코드모스, 마인크래프트 등과 같이 코딩을 경험할 수 있는 프로그램들, 독서, 토론, 문학 등 책을 좋아하는 아이들을 위한 글쓰기 워크숍, 음악을 좋아하는 아이를 위한 작곡 프로그램 등 아이 흥미에 맞는 참여형 온라인 교육 프로그램을 찾아봅니다.

온라인을 통한 유의미한 경험을 판단하는 기준 세 가지

그렇다면 '아이가 온라인에서 무엇을 배우든 지지하고 지켜만 보고 있어야 하는가'라는 생각이 들 수 있습니다. 아이가 온라인에서 하는 활동이 가치가 있는가 아닌가를 판단하는 세 가지 기준을 말씀드리겠습니다.

첫 번째는 '아이가 생각하고 말할 수 있도록 도움을 주는가?'입니다. 아이 입을 여는 데 도움을 주는지, 아이 생각을 확장시켜주는지 살펴보아야 합니다. 아이 생각이 확장되는 데 도움을 준다면 학습으로 봅니다. 아이가 배운 것에 대해 자신의 생각을 말하고 새로운 질문을 만들어내면 사소하더라도 관심을 보여주시기 바랍니다. 공부를 교과 학습으로만 제한해 생각하기보다는 현상을 관찰하고 깊이 있게 생각하고 사고를 확장하는 넓은 개념으로 바라봐야 합니다.

두 번째는 '다음 단계의 도전 과제가 있는가?'입니다. 조금 더 난이도가 높고 다양한 방식으로 확장 가능한 수준별 단계로 구성되어 있는지 확인해보세요. 단발성으로 배우고 끝이 나는 활동이 아니라, 점차 수준이 높아지고 다양한 내용으로 확장되고 있다면 유용한 학습 도구입니다.

세 번째는 '아이 주도의 온, 오프라인 활동을 촉진시키는가?'입니다. 일방적인 지식 흡수에 멈추지 않고, 아이가 실제로 만들거나 직접 경험하는 활동으로 연결된다면 학습이 됩니다. 온라인이나 오프라인에서 무언가를 구상하고 활동하며 소통하는 등 메이커가 되는 경험을 주는지 고려해보세요. 예컨대 작곡 프로그램을 접한 아이가 곡을 작곡하고, 짧은 곡이라도 SNS 등을 통해 공개하는 활동을 합니다. 일러스트에 관심이 있는 아이가 온라인 강의로 좋아하는 일러스트레이터의 작화를 배우고 이를 통해 아마추어 작품 발표회에 작품을 출품합니다. 이 활동은 아이의 흥미가 온라인을 통해 학습이 되고, 나아가 메이커가 되는 경험으로 이어진 겁니다. 단순히 게임을 하고 만화를 시청하는 활동과는 질적으로 다르다는 것을 알 수 있습니다.

아이가 컴퓨터 앞에서 '무엇'에 집중하고 있는지 살펴보고 잘하고 있다면 혼내기보다는 적극 지지해주며 관심을 보여주세요. 아이는 무엇을 더 깊이 공부하고 싶은지, 해도 해도 지치지 않고 즐거운 공부가 무엇인지 경험하고 나아가 스스로 적성을 찾아갑니다. 만약 아이가 목적지를 발견한다면 '왜 공부를 하는지'도 분명해집니다. 목표와 목적지가 분명해지면 공부 또한 즐거워집니다. 아이는 스스로 공부의 범위를 확장해나갈 것입니다.

스마트기기 환경 구성의 중요성

초등학교 3학년 이후, 아이에게 자율성을 허락할 시기라면 부모는 아이의 온라인 활동을 하나하나 간섭하기보다 스마트기기 혹은 컴퓨터 환경 설정을 꼼꼼하게 점검해야 합니다. 책상이 지저분하면 집중이 안 되는 것처럼. 가상 환경 역시 마찬가지입니다. 제한 안에서 자율성을 누릴 수 있다면 부모도 아이도 만족스럽습니다. 스마트기기나 컴퓨터 환경은 아이에게 큰 영향을 미칩니다. 처음 기기를 구입할 때부터 환경을 설정해놓습니다.

자녀 관리 앱, 어플 내 제한 설정 등을 미리 확인합니다. 자녀 관리 기능이 제공되거나, 제한 설정이 있는 경우 이를 확인해서 제한된 환경과 설정 내에서 아이가 자율성을 경험할 수 있도록 도와주시기 바랍니다. 그리고 자녀 관리 앱을 설정했다면, 모니터링을 통해 아이의 온라인 활동을 점검합니다. 이때 아이의 사생활을 침해하지 않도록 충분한 대화를 나누며 적정선을 찾으시기 바랍니다. 아이가 고학년이라 개입하기 어렵다면 아이의 온라인 활동을 함께 즐길 수 있는 방법을 모색해보는 것이 좋습니다.

온라인 공간에 활동 기록하기

아이가 관심사를 발견하고 공부로 능력을 키우기 시작했다면 그 과정을 온라인 공간에 기록하기를 권합니다. 그러면 관심사가 비슷한 친구들과 연결될 수 있으며, 아이는 발전의 즐거움을 느낄 수 있습니다. 여러 온라인 서비스 커뮤니티에 중구난방 글을 올리기보다는 블로그처럼 온라인 공간 한 곳을 정해두고 누적하는 게 가장 좋습니다.

과거에는 대학 입시 혹은 입사할 때가 되어서야 자기소개서를 썼지만 앞으로는 진로, 진학 상담을 위해 중학생만 되어도 자기소개서를 쓸 줄 알아야 합니다. 자기소개서에 어떤 내용을 쓸 수 있을까요? 자신이 누구이며, 어떤 강점을 가지고 있고, 무엇을 잘할 수 있으며 좋아하는지를 구체적인 경험과 결과물을 바탕으로 소개해야 합니다. 온라인에 지속적으로 축적해놓은 기록들은 앞으로 고교학점제가 시행되면 진로를 계획하고 적성에 따라 과목을 선택할 때 구체적인 자료가 되기도 하고, 대학에 진학하거나 특수한 목적에 따라 설립된 기관에 입학하고자 할 때도 참고자료가 됩니다. 앞서 미래형 대학으로 소개한 미네르바 스쿨은 학생의 관심사와 활동에 대한 포트폴리오 이력을 구체적으로 검토합니다. 내가 누구인지 알고 무엇을 좋아하고 관심을 가지며 어떤 사람이 되고 싶은지 아는 데는 기록만큼 중요한 건 없습니다.

다만 SNS의 위험성도 인지하고 있어야 합니다. 페이스북과 트위터는 각각 만 14세 이하, 만 13세 이하 사용 불가이며, 만 16세 미만의 경우 부모 및 보호자 동의하에 이용할 수 있습니다. SNS에는 성인 콘텐츠가 버젓이 노출되기도 하고, 청소년 범죄, 사이버 폭력 등도 많이 일어납니다. SNS에 글이나 사진을 잘못 게시한 경우, SNS의 서버가 해외에 있거나 게시물이 이미 공유돼 사방으로 퍼졌다면 게시물을 영구적으로 삭제하기 어려울 수 있습니다.

온라인에서 벌인 작은 실수가 평생의 오점으로 남을 수도 있습니다. 최근 온라인상에 별 생각 없이 남긴 말 한마디 때문에 직위나 직업 자체를 잃는 일들이 비일비재하게 일어납니다. 공인뿐 아니라 일반인들 역시 여기서 자유롭지 않습니다. 과거에 특정 커뮤니티에 남긴 글들로 인해 교사 채용이 취소되는 경우도 있었습니다. 온라인이 없던 시절에는 아마 소수의 입에서 오르내리고 말았을 일들이 지금은 파급력 있게 퍼지곤 합니다.

온라인 공간에 자신의 활동을 기록할 때는 먼저 SNS의 파급력과 개인 신상 정보 유출 등 주의해야 할 점에 대해 아이에게 잘 설명해주시기 바랍니다. 그리고 페이스북, 트위터 같은 SNS보다 블로그처럼 보다 안전한 공간을 활용하도록 돕습니다. 활동 기록 앱을 활용하는 것도 좋습니다. 책을 좋아하는 아이의 경우는 〈북적북적 독서 기록〉과 같은 앱에 누적해서 기록해보는 것도 추천합니다. 부모가 SNS 계정을 만들어 아이와 함께 기록하는 것도 좋습니다. 부모가 자신의 관심사와 활동을 세세히 알고 기록한다는 것 자체가 아이에게 관심과 지지, 응원의 표현이 됩니다.

아이만의 속도로 공부할 수 있는
수준별 교육 플랫폼을 활용하기

/

수학, 포기하지 않고 자신만의 속도로 학습하기

중고등학생 세 명 중 한 명은 스스로를 수포자라고 말합니다. 수학을 왜 포기할까요? 이유는 간단합니다. 학습에는 각각의 속도가 있습니다. 그 속도에 큰 영향을 받는 대표적인 과목이 수학입니다. 수학은 이전 수업에서 배운 개념을 온전히 알아야 다음 단계를 이해할 수 있기 때문에 수학적 개념을 이해하는 속도가 느린 아이는 수업의 맥락을 놓치기라도 하면 진도를 따라가기 버겁습니다. 그 격차가 점점 더 커지면 어느 순간 수학을 포기하기에 이릅니다.

반대로 학교 진도가 너무 더디다고 느끼는, 수학적 재능이 뛰어난 아이들은 아는 내용을 반복해서 들어야 하는 교실 환경을 지루해할 수 있습니다. 이 아이들에게는 본인들 지적 수준에 맞고 도전 욕구가 생기는 좀 더 난이도가 높은 과제가 필요합니다.

이처럼 몇몇 학생은 수업을 따라가기 어려워하고 몇몇 학생은 이미 아는 내용을 흘려들으며 지루하게 시간을 때우기도 합니다. 하지만 교사 한 명이 모든 아이의 수준과 진도를 고려하는 것은 현실적으로 쉽지 않습니다.

유명한 교육학자 벤저민 블룸은 고정된 속도로 그룹 학습을 시키는 것이 아이들의 능력 향상에 큰 걸림돌이 된다고 지적했습니다. 아이들 개개인의 다른 속도를 존중한다면 모든 아이들이 완전학습에 이를 수 있다는 주장입니다.

'칸 아카데미'는 학생 개개인의 수준을 고려해서 완전학습이 이루어 질 수 있도록 고안한 온라인 학습 서비스입니다. 칸 아카데미 설립자 인 살만 칸Salman Khan은 어느 날 조카의 수학 공부를 도와주게 되었는 데, 거리가 멀다 보니 영상을 활용해 과외를 진행했습니다. 수학 개념 과 원리를 설명한 짧은 영상을 조카에게 공유하고 온라인으로 연습문 제를 풀도록 했습니다. 나아가 정답률이 낮을 경우, 이전에 보낸 강의 를 다시 듣고 학습하도록 했습니다. 이 방법은 매우 효과적이었습니 다. 칸은 많은 학생이 이 온라인 학습을 이용하도록 사업으로 확장했 습니다. 이후 구글의 투자를 유치하면서 세계적인 온라인 학습 서비스 로 발돋움했습니다.

칸 아카데미는 아이의 발달 과정과 지적 수준에 맞춘, 완전학습을 수 행시키는 방향으로 고안되었습니다. 칸 아카데미는 빅데이터 수치로 개별 학생들의 학습 수준을 정확하게 측정해 그에 적합한 학습을 설계, 제안합니다. 칸 아카데미는 웹과 앱으로 경험해볼 수 있습니다.

미국의 많은 학교들이 칸 아카데미 서비스를 활용해 학생 개개인에 맞춘 수업을 진행하고 있습니다. 칸 아카데미는 일반적인 학습 진도 를 고려하되, 각 학생의 수준에 가장 적합한 학습을 진행할 수 있도록 합니다. 교사는 학습 데이터를 보고 특정 아이가 어느 부분에서 막히

칸 아카데미

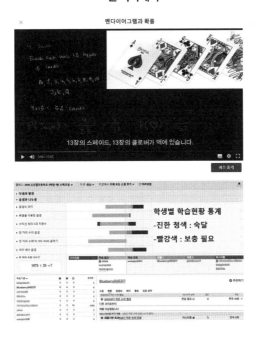

는지 진단합니다. 어느 문제에서 오랫동안 고민하는지, 어떤 유형에서 오답률이 높은지 등을 보고, 학습이 덜 되었다고 판단된 부분을 다시 배우게 합니다. 좀 더 세밀하고 세심하게 아이들을 이끌어줄 완전학습으로 나아갈 수 있도록 사다리를 놓아주는 맞춤형 학습 도구입니다.

이렇게 교사의 데이터 분석을 토대로, 학생의 속도에 따라, 완전학습에 이르도록 돕는 맞춤형 콘텐츠가 제공되는 세 박자가 맞아떨어질 때 아이들은 수포자에서 벗어나게 됩니다. 모든 아이에게 학습의 결손 없이 맞춤형 수업을 진행할 수 있습니다.

만약 아이가 학교에서 수학 교과에 어려움을 느낀다면 가정에서 온라인 학습으로 수학 교과를 보충할 수 있습니다. 시중의 온라인 학습 플랫폼을 선택하실 때는 세 가지를 확인해보시기 바랍니다. 첫째, 아이의 수준이 정확히 진단되는가. 둘째, 아이 수준에 맞는 강의 콘텐츠가 제공되는가. 셋째, 아이의 학습 결과 데이터를 통해 완전하게 숙지하지 못한 수학 개념을 복습하도록 이끄는가.

모든 아이들에게 같은 강의를 제공하기보다 아이의 수준과 속도에 맞춰 진단과 학습이 이루어지는지 살펴보아야 합니다. 중요한 건 아이의 등수가 아니라 어느 지점을 아이가 이해하지 못하고 있는지를 아는 것입니다. 최근에는 AI기술을 기반으로 수학만 전문적으로 다루는 온라인 학습 플랫폼도 많습니다. 콘텐츠의 양보다는 교수학습 관리의 질을 체크해야 합니다.

수학은 완전학습이 중요한 교과입니다. 만약 아이가 수학에 재미를 못 느끼고 관심이 없다면 '깨봉수학'처럼 쉽고 재미있게 접근하게 돕는 서비스를 찾아보세요. 공부하고자 하는 의지가 부족한 아이일 경우에는 1:1 코칭 서비스 유무나 소규모 줌 수업이 제공되는지도 살펴보시기 바랍니다.

수학 외에 사회, 과학, 영어도 온라인 학습이 효과적입니다. 특히 사회와 과학은 말로만 설명하기에는 한계가 있습니다. 직접 실험하고 결과를 관찰하거나, 역사적 사건이 일어난 배경이나 유물들을 눈으로 보면 훨씬 쉬운 경우가 많기 때문에 디지털과 잘 맞습니다. 예컨대 과거 역사 속 유물이나 옛사람들의 생활 양식을 실재감 있는 영상물이나 3D

이미지 등 시청각적 자료로 보면 교과서나 책보다 이해하는 데 더 도움이 됩니다. 우리 몸속의 장기나 눈으로는 확인할 수 없는 세포들, 우주 공간을 이해하는 데도 온라인은 큰 도움이 됩니다.

통계 데이터 적극적으로 활용하기

온라인 학습 플랫폼의 장점 가운데 하나는 빅데이터를 기반으로 아이가 학습할 때 겪는 어려움과 부족한 점 등을 알 수 있다는 점입니다. 자신의 실력을 확실히 파악하는 것은 자기주도 학습에서 매우 중요한 부분입니다. 시험이나 문제 풀이 평가를 통해 점검할 수도 있지만, AI만큼 정확히 피드백을 하기는 어렵습니다. AI는 아이가 얼마나 집중하는지, 어디에서 한눈을 파는지 보이지 않는 부분까지 파악하고 피드백을 제공합니다.

오프라인 학습을 주로 하더라도, 평가 측면에서는 온라인 학습을 활용할 수 있습니다. 예를 들어 학교나 학원, 자율학습으로 공부를 하되, 복습이나 실력 평가는 온라인에서 진행해보는 겁니다. 온라인 학습 플랫폼의 데이터 기반 AI는 아이 학습에 어떤 부분을 보충해야 하는지 제안할 겁니다.

학교교육을 보완하는 다양한 온라인 교육 플랫폼들이 있습니다. 국가에서 제공하는 에듀넷 서비스나 시도교육청에서 제공하는 e학습터를 비롯해, 칸아카데미, 윙크, 아이스크림 홈런, 엘리하이, 밀크티 등이 대표적입니다. 최근 교과서 업체에서 교육 서비스를 연이어 출시하고 있고, 국가 또한 디지털 교과서 등 다양한 교육 자료와 영상을 제공하고 있습니다.

온라인 학습 서비스를 활용하기에 앞서 다양한 학습 플랫폼을 체험해보세요. 대부분 일정 기간 무료 체험 서비스를 제공합니다. 아이에게 가장 필요한 교과목 한두 개를 선정해 이를 중심으로 체험해보는 겁니다. 아이마다 부족한 부분과 취향이 다르기 때문에 제아무리 많은 사람들이 활용하는 서비스라도 내 아이에게는 맞지 않을 수 있습니다.

온라인 학습으로 영어 학습 환경 만들기

어렸을 때부터 DVD와 유튜브 등을 보면서 여러 언어를 자유롭게 구사하는 자매가 있습니다. SBS '영재발굴단'에 나와 많은 이목을 사로잡았던 황다연, 황서연 자매입니다.* 이 자매의 중국어와 영어 실력은 수준급이었고, 스페인어, 일본어 등 다중언어를 구사했습니다. 두 자매의 전문적인 지능 검사 결과는 평범한 수준이었습니다. 다만 두 아이는 다양한 언어의 유튜브를 시청하고 외국어로 역할놀이를 했습니다.

유튜브와 DVD 등을 통해 습득한 언어를 사용해 놀고, 함께 책을 읽으며 실력을 확장시켰습니다. 흥미라는 내적동기와 실제 경험이 결합돼 모두가 놀랄 정도의 외국어 구사 실력을 쌓게 된 것입니다. 이 자매는 함께 놀이를 하며 대화하는 과정에서 이중 언어 사용 환경이 조성되

---

*SBS 영재발굴단 191회, 〈6살 10살 자매가 원어민처럼 3개 외국어를 할 수 있게 된 비결은?〉, 2019. 2. 13

었습니다. 만약 둘 중 한 명이라도 언어에 흥미를 느끼지 못했다면 이런 환경이 조성되기는 힘들었을 겁니다. 그리고 평소 아이들을 잘 관찰해 좋아하는 것을 발견하고, 중국어, 스페인어에도 접근할 수 있도록 기회를 넓혀준 부모의 교육도 눈여겨볼 만합니다. 그 결과 다중언어 구사라는 놀라운 결과로 이어졌습니다.

이 자매의 외국어 습득 과정을 참고해 아이에게 영어에 흥미를 붙여줄 수 있습니다. 외국어는 많이 듣고 활용하는 환경이 중요합니다. 온라인 학습은 영어 사용 환경의 폭을 넓혀주었습니다. 예전에는 영어 환경을 만들어주려면 전문 학원을 찾거나, 특정 콘텐츠를 구입하는 등 문턱이 높았다면 요즘은 원어민의 말을 온라인을 통해 반복해서 들을 수 있습니다. 아이의 관심사에 대한 외국 콘텐츠를 자유롭게 골라 볼 수도 있습니다.

국내에서 영어 통역사로 활동 중인 진영 씨는 학창시절부터 영어를 정말 잘하고 싶은 마음에 유명한 학원에 다니거나, 값비싼 프로그램과 교재를 구매하는 등 많은 돈을 썼습니다. 심지어 단기간에 영어 실력을 높여준다는 말을 믿었다가 고액 과외 사기를 당한 적도 있습니다. 그러나 영어 실력이 눈에 띄게 나아지지는 않았습니다. 좋은 강의, 최고의 선생님을 찾는 게 영어를 익히는 가장 빠른 길이라고 생각했던 진영 씨는 시행착오 끝에 영어는 단순히 강의를 듣고 암기하는 게 아니라, 자전거 타기나 수영처럼 꾸준히 연습해 몸으로 익혀야 한다는 점을 깨달았습니다. 이후 공부법을 완전히 바꾸었습니다. 오디오나 드라

영어 학습에 도움이 되는 온라인 서비스

구분	서비스명	주요 내용
유튜브 채널	리틀팍스 https://www.youtube.com/ c/리틀팍스재밌는영어	단계별로 영어를 배울 수 있도록 제공 1단계 '영어 읽기 기초시리즈 - 단어 읽기', 2단계 '영어의 기초표현을 배워요', 3단계 '쉬운 영어 동화 매일매일 흘려 듣기', 4~6단계 '매일 매일 영어 흘려듣기 2' 이 외에도 파닉스 송이나 영어 동요 등 다양한 영상을 제공
	소피아 잉글리시 https://www.youtube.com/ c/SophiaEnglishLesson	캘리포니아에 사는 한국계 미국인 소피아가 생활에서 쓸 수 있는 영어 표현에서부터 영어 책에 나와 있는 표현을 가르쳐주는 채널
	월트디즈니 애니메이션 스튜디오 https://www.youtube.com/ c/disneyanimation	〈겨울 왕국〉 등 디즈니 애니메이션을 영어로 시청 가능
	잉글리시 파라다이스 키즈 https://www.youtube.com/ c/EnglishParadiseKids	직업, 악기, 날씨, 날짜, 과일, 동물, 바다 생물, 곤충, 탈 것 등 다양한 주제를 통해 어휘와 발음을 익힐 수 있음
온라인 서비스	Oxfordowl https://www.oxfordowl. co.uk/for-home/find-a-book/library-page/	옥스퍼드에서 제공하는 무료 전자책 도서관
	starfall https://www.starfall.com	유아~초등 3학년까지 파닉스와 리딩 연습을 할 수 있는 서비스. 애플리케이션도 제공함
	TED Ed https://ed.ted.com/	아이들을 위한 3~5분 정도의 강연으로 시간도 짧고 대부분 보기 쉬운 애니메이션으로 구성
	storyline https://storylineonline.net	배우들이 어린이들에게 책을 읽어주는 영상 서비스

마 등 영어 콘텐츠들을 보고 듣는 시간을 늘리고, 영어 문장을 큰 소리로 반복해 말하는 연습을 했습니다. 시간이 쌓이자 말하기 실력이 눈에 띄게 좋아졌고 듣기 능력도 함께 향상되었습니다.

언어는 원어민의 말을 많이 듣고, 입을 열어 말하는 과정을 반복해야 실력이 늡니다. 한국어로 문장을 생각해서 영어로 번역해 말하는 것이 아니라, 생각이 영어로 바로 튀어나올 수 있도록 다양한 문장을 입에 붙을 때까지 연습하고 또 연습해야 합니다. 많이 듣고 연습하는 것 외에는 왕도가 없는 셈입니다.

하지만 부모가 영어 사용자가 아닌 이상 아이에게 이런 환경을 제공하기란 쉽지 않습니다. 그런데 온라인 콘텐츠가 있다면 이야기가 달라집니다. 영어는 온라인 학습에 아주 잘 맞는 교과입니다. 영어를 언제 어떻게 시작하는 게 좋은지는 전문가에 따라 의견이 갈리지만, 절대적인 시간이 쌓여야 영어 실력이 향상된다는 점만은 분명합니다.

최근 이런 영어 공부법이 AI 기술로 구현되고 있습니다. AI 기반 영어 학습 앱의 경우, 구문 강의는 길어야 3분 내외이나, 학생이 직접 발화해서 연습하는 시간이 15분 정도입니다. AI가 학생이 매끄럽게 말을 할 수 있을 때까지 반복하게 하고 발음을 체크해줍니다.

느리게 공부할 기회를 허락하자

온라인 학습을 하려면 아이의 학습 습관을 살펴볼 필요도 있습니다. 아이가 장시간 집중을 하지 못한다면 한 번에 오래 앉아 있게 하기보다 학습 시간을 쪼개는 게 도움이 됩니다. 학원을 다닌다고 무조건 성적이 오르지 않는 것처럼, 온라인 학습이 성적을 담보하지는 않습니다. 온라인 학습은 학습의 주된 수단이라기보다 보조적인 수단으로 다가가야 합니다. 온라인 학습은 아이가 주도적으로 무엇인가를 경험하고 도전할 수 있도록 촉진하고 도와주는 또 하나의 도구로 바라보면 충분합니다.

온라인 학습에서 부모들이 가장 만족하는 부분은 아이가 쉽고 빠르게 배운다는 점입니다. 초등학교 학습 내용은 그리 어렵지 않기 때문에 빠른 속도로 쉽게 학습할 만합니다. 그래서 온라인 학습 효율성이 더 높아 보입니다. 하지만 고학년으로 올라갈수록 교과과정이 어려워지는 까닭에 학습 속도가 느려질 수밖에 없습니다. 하지만 빠른 속도에 익숙해진 아이들은 쉽게 습득할 수 없는 학습 내용이 나오면 어렵다고 느낍니다. 앉아서 진득이 이해해야 하는 그 자체를 어려워하는 겁니다. 장기적으로 온라인 학습으로 효과를 보기 위해서는 학습 후 혼자서 아이가 이해하고 소화하는 과정을 반드시 거쳐야 합니다. 이 시간을 온라인 학습의 두 배 정도 확보해 복습할 수 있도록 도와주세요.

04

방법 10

온라인 원격 수업은
스스로 주도하게 하라

학교 원격 교육의 주요 형태 세 가지

학교의 원격 교육 형태는 크게 세 가지가 있습니다. 실시간 쌍방향 수업은 줌과 같은 온라인 툴을 활용해 실시간으로 얼굴을 보며 강의하고 토론하는 수업입니다. 콘텐츠 활용 중심 수업은 교사가 안내한 녹화 강의나 학습 콘텐츠를 학생이 시청한 뒤, 교사가 피드백하는 형태의 강의입니다. 마지막으로 학생들이 자유롭게 자료를 찾아 학습한 결과를 제출하면 교사가 확인하고 피드백하는 과제 중심 수업이 있습니다.

학교 원격 교육 주요 형태

구분	방법	예시
실시간 쌍방향 수업	실시간 원격 교육 플랫폼을 활용해 교사, 학생 간 화상 수업 진행. 토론 및 소통 등으로 즉각적으로 피드백	네이버웍스, 구루미, 구글 행아웃, MS팀즈, 줌, 시스코 Webex 등
콘텐츠 활용 중심 수업	· (강의형) 학생은 지정된 녹화 강의 혹은 학습 콘텐츠를 시청. 교사는 학습 내용 확인 및 피드백 · (강의+활동형) 학습 콘텐츠 시청 후 댓글 등으로 원격 토론	EBS 강좌, 교사 자체 제작 자료 등
과제 수행 중심 수업	교사가 교과별 성취 기준에 따라 과제 제시 및 피드백. 이를 통해 학생의 자기주도적 학습 내용을 확인	과제 제시 → 독서 감상문, 학습지, 학습자료 등 학생 활동 수행 → 학습 결과 제출 → 교사 확인 및 피드백

실시간 원격 교육은 화상 회의나 채팅 등으로 학생과 학생, 교사와 학생 사이에 의견을 즉각적으로 주고받기 때문에 동기부여가 잘되고 참여율이 높습니다. 오프라인 학교 수업을 온라인으로 완전히 대체하는 경우, 실시간 원격 수업을 진행한다면 학생과 교사 간 친밀감을 높이는 데 가장 효과적입니다.

두 번째와 세 번째 유형은, 학생 개개인이 이해하는 속도에 차이가 나고, 문제를 해결하는 방향이 각기 다른 복잡하고 어려운 과제에 활용하기 좋습니다. 학생들이 주어진 과제나 주제를 깊이 고민하고 생각할 시간을 가질 수 있기 때문입니다. 특히 과제 수행 중심 수업에서는 학습 사이트, 토론 게시판, 블로그 등을 활용할 수 있습니다. 학생들은 여기서 주어진 학습 내용을 보거나, 서로의 생각이나 아이디어를 공유하고 평가합니다. 초등학교 저학년보다는 고학년 학생들에게 적합한 방식입니다.

초등학교 저학년은 사전에 제작된 동영상 강의를 보고 만들기를 하거나 과학 실험을 보고 개념을 충분히 이해시키는 등의 콘텐츠 활용 중심 수업을 추천합니다. 실시간 쌍방향 플랫폼을 함께 활용한다면 자리에 앉아서 수업을 듣는 것 같은 오프라인 교실 분위기가 연출됩니다. 초등학교 고학년의 경우에는 학생들이 선호하는 원격 수업 유형과 교과목 특성을 고려해서 세 가지 유형을 고루 활용할 수 있습니다.*

초등 3~6학년 사회, 과학, 영어 교과는 디지털 교과서를 통한 콘텐츠 활용 수업이 많이 제공됩니다. 디지털 교과서는 학생들이 스스로 학습하기 쉽게 개발되어 있습니다. 꼭 학교의 원격 수업이 아니더라도 가정에서 복습 및 예습할 때도 유익합니다. 초등학교 3학년부터 6학년, 중학교부터 고등학교 1학년까지 사회, 과학, 영어 과목의 디지털 교과서가 개발되어 있습니다. 생동감 넘치는 콘텐츠들, VR과 AR을 바탕으로 한 콘텐츠도 활용되고 있습니다. 이러한 콘텐츠들로 아이들은 글로는 이해하기 어려운 학습 내용을 더 쉽게 공부할 수 있습니다. 디지털 교과서는 한국교육학술정보원에서 운영하는 에듀넷 서비스에서 다운로드받을 수 있습니다.

---

* 박상훈 외 5인, 〈원격 교육 수업 실행 방안〉, 한국교육학술정보원, 2020.

교과별 특성에 따라 효율적인 온라인 학습이 다릅니다. 먼저 핵심 개념을 확실히 이해하고 반복 연습과 과제 해결이 필요한 수업(국어, 영어, 수학)은 콘텐츠 활용 중심 수업이 효과적이며, 과제 수행 수업도 부가적으로 활용할 수 있습니다. 과제 학습 및 상호작용이 필요한 수업(과학, 기술, 가정, 정보)은 과제 수행 중심의 수업 형태가 효율적입니다. 발표, 토론, 퀴즈로 학생들의 적극적인 참여를 유도하는 수업(사회, 역사, 도덕)과, 교사의 시범에 따라 학생이 직접 수행하는 모습을 관찰하는 수업(예체능, 창의적 체험 활동)은 실시간 쌍방향 수업 형태가 효과적입니다.

교사와 부모의 역할 변화

몇 년 전만 해도 학교 수업은 학교 주도하에 이루어지기 때문에 많은 부모들이 온라인 학습 변화에 대해 알 필요가 없었습니다. 부모들은 아이 성적을 보고 부족한 부분을 메워주기 위한 사교육에 더 신경을 썼습니다. 하지만 코로나19 사태로 인해 온라인 학습이 폭넓게 시행되자 학습 격차가 크게 벌어지기 시작했습니다. 부모 역시 교사의 역할을 온전히 떠맡게 되며 학습 부담이 커졌습니다. 부모도 학교의 변화와 온라인 학습을 적극적으로 이해하고 이를 학습에 적용하는 방향에 공감해야 할 필요가 생겼습니다.

최근 온라인 학습은 공교육뿐 아니라 사교육의 형태도 급격히 변화시키는 중입니다. 초등학교 학부모의 경우에는 온라인 학습에 얼마만큼 의존할 수 있는지, 온라인 학습의 효과가 어느 정도인지 전반적으로 궁금할 수 있습니다. 온라인 학습이 앞으로 교육 방향에 어떤 위치를 차지하는지도 궁금하실 겁니다.

교육 형태가 계속 바뀌고, 양질의 교육 자원들이 온라인에 대부분 공개되는 세상이라 해도, 좋은 교사를 만나는 것만큼 교육에서 중요한 부분은 없다는 사실을 부모들은 잘 알고 있습니다. 만약 특정 전문 지식을 보유했는지 여부가 좋은 교사를 가늠하는 기준이라면, 아이들은 그저 온라인 강의를 통해 모두 최선의 동일한 교육을 제공받을 수 있을 겁니다. 좋은 교사는 교육 내용을 전달해주는 전달자임과 동시에 아이들과 입장을 바꾸어 생각할 줄 알고, 아이의 장점과 관심 분야가 무엇인지 관심을 기울이며 성장을 돕는 사람입니다. 아이가 지속적으로 학습에 관심을 보이고, 공부의 즐거움을 느낄 수 있도록 도우며, 스스로 학습하는 능력을 기르도록 지지해주고 격려해주는 것이 교사의 역할입니다. 그러기 위해서는 아이의 관심사와 수준을 파악해 적절한 교육을 제공할 수 있어야 합니다.

부모 역시 마찬가지입니다. 최근 부모가 직접 가르치려는 노력이 많이 보입니다. 그런데 부모가 콘텐츠 전달자의 역할을 계속하다 보면 어느 순간 한계에 부딪힙니다. 수준과 난이도는 높아지는데, 아이의 학습을 부모가 전부 주도하기는 쉽지 않습니다. 부모는 정서적 디딤돌로서 공감과 지지, 경청을 기반으로 아이가 스스로 학습할 수 있게 코칭해야 합니다. 그리고 아이의 입을 열게 하고, 실제 경험해볼 수 있도록 도우며, 계속해서 질문할 수 있도록 균형과 조절, 지지의 역할을 해야 합니다. 이때 전문가들이 만든 양질의 교육 콘텐츠를 활용할 수 있습니다.

아이의 온라인 원격 수업을 돕는 방법 세 가지

원격 수업을 진행하는 교사들은 열심히 참여하는 학생과 그렇지 않은 학생 간 학습 격차가 크게 벌어지는 것을 원격 수업의 어려운 점으로 꼽습니다. 그런데 학습 이해도 때문이 아닌, 원격 수업 툴을 제대로 활용할 줄 몰라서 수업에 잘 참여하지 못하는 경우도 많습니다. 이런 문제는 아이들이 교사에게 일일이 이야기하기 어렵기 때문에 사전에 부모들이 교사에게 원격 수업에 대한 자세한 안내를 부탁하는 등 적극적인 소통이 필요합니다.

루틴 만들어주기

원격 수업할 때는 아이가 온종일 집에 있더라도 어느 정도 하루 루틴을 만들어주어야 합니다. 일어나서 씻고, 공부하고, 밥을 먹고, 인터넷이나 게임을 하는 자유 시간 등을 규칙으로 만듭니다. 이때 대략적인 시간표보다는 정해진 시간 동안 무엇을 어느 범위까지 할 것인지 확실하게 정해두는 편이 좋습니다. 어떤 과목을 어디까지 얼마나 학습할지 함께 정했다면 아이가 스스로 지키도록 하는 것이 가장 중요합니다. 부모는 아이가 학습이 밀려서 포기하지 않도록 중간중간 점검하는 역할을 합니다. 아이가 계획한 내용을 다 실천한 날은 공부에 대한 걱정 없이 뿌듯한 마음으로 실컷 놀게 해주세요. 칭찬 스티커처럼 눈에 보이는 목표를 채워나가는 것도 좋습니다. 그러면 아이는 점점 빨리 공부를 끝내고 홀가분한 마음으로 놀고 싶어 할 것입니다. 자기만의 과제와 시간표를 만들어보고 스스로 지키며 실행해나갈 때 얻는 즐거움을 느껴볼 수 있도록 도와주어야 합니다.

미리 온라인 학습 활용법 익혀두기

만약 아이가 저학년이라면 교사와 학부모가 지속적으로 소통하면서 서로의 요구 사항을 잘 파악해야 합니다. 부모들이 집에서 온라인 학습을 하며 느끼는 어려운 점을 교사에게 구체적으로 피드백하게 한다면 수업을 운영하는 데 큰 도움이 됩니다. 부모들은 학교에 가지 않더라도 수시로 학교 사이트에 들어가보고 업데이트되는 교육 정보를 확인해보면 좋습니다. 아이와 함께 온라인 수업을 준비할 때는 부모가 먼저 한 번 시행해보시기 바랍니다. 부모가 헤매면 아이는 수업 시작도 전에 온라인 학습은 어렵다고 느낍니다. 교사의 안내에 따라 온라인 학습을 준비해보고, 아이가 어려움을 느낄 만한 사항이 있으면 미리 자세히 알려주세요. 온라인 학습의 공부 방법을 자세히 알려주고 스스로 진행할 수 있도록 도와줍니다.

오늘 공부한 내용 대화하기

고학년이라면 수업을 들으며 필기한 노트를 함께 다시 읽어봐도 좋습니다. 필기는 이해한 내용을 머릿속에 구조화해줄 뿐 아니라 복습에도 좋습니다. 공부 잘하는 아이들의 노트는 필기가 다릅니다. 필기하는 방법만 제대로 익혀두어도 학교 성적에 변화가 생깁니다. 유튜브에 '초등 노트 필기법'이라고 검색하면 초등 선생님들이 추천하는 코넬식 노트 필기 방법을 살펴볼 수 있습니다. 아이와 함께 좋은 노트 필기에 대한 자료를 검색해서 보고 필기를 어떻게 하면 좋을지 이야기해본다면 학습 효과를 크게 높일 수 있습니다.

학습을 끝낸 뒤에는 아이가 배운 내용을 대화로 점검해보세요. 초점은 아이가 몇 문제를 맞았고, 틀렸는지를 평가하는 게 아니라, 어디를 어려워했는지, 이해가지 않는 내용을 어떻게 다시 공부해볼 수 있을지 같이 생각해보는 겁니다. 이를 다른 말로 공부에 대해서 공부를 하는 메타인지라고 합니다. 어렵게 생각하실 필요 없습니다. 그저 '오늘 어떤 걸 배웠어?', '무엇을 느꼈어?', '어떻게 생각해?' 같은 질문을 해보고 아이가 아주 사소하게라도 대답한다면, 그 답에 공감하고 함께 나누어보면 됩니다. 아이는 부모가 자신의 학습에 관심을 보이고 자신의 생각을 존중해준다고 느낍니다. 새롭게 배운 것에 대한 확신과 자신감도

붙습니다.

앞서 말씀드린 것처럼 과외 선생처럼 옆에 붙어서 일일이 가르쳐주고 평가하는 방식에는 한계가 있습니다. 부모의 에너지에도 한계가 있고, 또 아이가 자라면서 더는 일일이 가르쳐주기 어려운 때가 오기 마련입니다. 그러니 아이가 메타인지를 활용해 자기의 공부를 계획하고 결과를 점검하며 조금씩 앞으로 나아갈 수 있도록 코치해주세요. 조절하며 스스로 배워나가고, 점검하며 루틴대로 학습할 수 있도록 꾸준히 옆에서 이끌어주는 것입니다.

자기주도 학습과 온라인 학습

온라인 학습을 위해서는 부모가 자기주도 학습을 이해하고 있어야 아이가 도전할 수 있습니다. 고학년으로 갈수록 아이 스스로 부족한 점을 판단하고 극복할 전략을 세우는 능력이 필요합니다. 자기에게 가장 효과적인 공부 방법을 터득하는 것도 중요합니다. 특히 이루고 싶은 꿈이나 진학하고 싶은 학교가 있다면 그에 맞춰서 학습의 로드맵을 세워야 동기가 뚜렷해지기 때문에 스스로 계획하고 실행하며 점검하고 피드백하는 과정이 반드시 필요합니다. 그게 다름 아닌 자기주도 학습의 원리입니다.

온라인 학습은 맞춤형 학습인 자기주도 학습에 매우 효과적인 도구입니다. 자기에게 가장 필요한 학습, 효과가 좋은 학습을 설계하고 적용하며 평가해보는 데 온라인 학습이 유익한 툴이 됩니다.

자기주도 학습은 '자기를 조절하는 학습'이라고 불리기도 합니다. 스스로 조절하고 통제하여 학습하는 기본 능력이 겸비되어야 온라인 학습을 시작할 준비가 된 것이라고 볼 수 있습니다. 무방비 상태로 온라인 학습을 진행하는 것은 온라인상에 차려진 달콤한 유혹으로부터 산만해질 너무나 많은 기회를 허락하는 것입니다. 아이가 스스로 조절하고 통제할 수 있게끔 도와주는 게 진정한 의미의 자기주도 학습입니다.

자기주도 학습을 돕는 몇 가지 질문

아이가 학습을 스스로 주도하도록 유도하는 질문이 몇 가지 있습니다. "오늘 공부 다 했어?"라는 질문 대신에 "오늘은 어떤 것을 배웠어?"라고 묻는 것입니다. "문제집 몇 장 풀었어?" 대신에 "공부하면서 어려운 점은 없었어?"라고 질문하는 것입니다. 또 "시험 몇 점 맞았어?"라고 묻는 게 아니라, "잘 이해가 되지 않는 부분은 없었어?"라고 물어봐주는 것입니다.

학습을 마친 아이가 자신이 무엇을 공부했는지 이야기한다면 말을 끊지 말고 꼭 끝까지 들어주시기 바랍니다. 조언보다는 공감을 해주면서 아이의 궁금증이 계속 이어질 수 있도록 도와줍니다. 답을 알려주거나 대신 문제를 해결해주려고 나서는 것은 아이에게 별로 도움이 되지 않습니다. 질문하고 문제를 해결해야 하는 주체는 아이라는 점을 잊지 말아야 합니다. 부모가 함께 흥미를 가져주는 것만으로 충분합니다. 오늘 학습한 내용의 난이도와 이해도를 스스로 측정하고, 자신이 얼마나 이해했고 이해하지 못했으며, 어떤 부분에 보완이 필요한지 스스로 깨달을 수 있도록 점검하는 질문을 던져주시면 됩니다.

왜 공부를 하는지 이야기 나누기

아이가 책상 앞에나 패드, 컴퓨터 앞에 앉을 때 무슨 생각을 할까요? 의외로 아무 생각 없는 경우가 참 많습니다. 어떤 책을 먼저 펴야 할지, 컴퓨터나 패드로 무엇을 해야 할지 생각하지 않고 시간이 되어서 혹은 부모 눈치가 보여서 그 자리에 앉아 시간을 채우고 있는지 살펴보시기 바랍니다.

아이들마다 공부를 하는 이유는 다 다를 수 있습니다. 그 이유를 찾도록 도와주는 게 자기주도 학습의 첫 단추입니다. 요즘 아이들 대부분은 공부를 잘하고 싶어 합니다. 공부를 잘하면 부모와 선생님, 그리고 친구들에게 인정받을 수 있고 자신감도 생깁니다. 하지만 남에게 인정받기 위해서, 아니면 남이 시켜서 하는 공부는 길을 잃기 쉽습니다.

아이와 공부를 왜 해야 할까 이야기를 나눠보세요. 자기가 하고 싶은 일, 이루고 싶은 꿈을 생각하다 보면 공부의 이유를 찾을 수 있습니다. 좋아하는 것, 바라는 것, 자신의 장점을 잘 이해하는 아이들일수록 자기 꿈과 능력을 소중하게 여깁니다. 그런 면에서 아이의 관심과 흥미를 찾아 온라인상의 여러 정보와 서비스를 활용하는 것은 도움이 됩니다. 꼭 온라인 학습 플랫폼만이 아니라, 작곡을 하거나, 실험을 해보거나, 롤모델의 조언을 들어보는 것도 좋습니다. 그러다 보면 아이는 스스로 공부에 대한 강한 동기가 생길 겁니다.

자기주도적 수업, 계획보다 점검부터

보통 학습을 하거나 자기주도 학습에 대해 이야기할 때 계획을 중요하게 다룹니다. 그러나 계획만큼 중요한 것이 점검입니다. 만약에 하루에 세 시간 이상 게임하는 아이가 있다고 가정해봅시다. 이 아이는 과연 스스로 게임을 얼마나 하는지 자각하고 있을까요? 만약 부모가 "너는 집에 오면 맨날 게임만 하냐?"라고 뭉뚱그려서 말한다면 아이는 "내가 언제 맨날 게임만 했느냐"고 대답할 것입니다. 아이 입장에서는 밥도 먹고 책도 보고 숙제도 했고 잠도 잤으니 게임만 하지는 않았기 때문입니다. 이럴 경우에는 부모가 시간을 점검해주시는 게 좋습니다. '세 시간이나 게임을 했어?'라며 아이 스스로 놀랄지도 모릅니다.

시간을 점검한 뒤에 너무 오래 게임을 한 것에 대해 생각해보도록 하고 향후 계획을 세우게끔 도와줍니다. 하루에 얼마나 게임을 하는 게 적절할지 아이 스스로 정하게 합니다. 아이가 생각보다 적은 시간만 게임하겠다는 계획을 세울 수도 있습니다. 절대 못 지킬 것 같아도 존중해주시기 바랍니다. 만약 지키기 어려워한다면 다시 시간을 수정하면 됩니다. 초점은 아이가 스스로 게임하는 시간을 자각하고 조절할 수 있도록 기회를 주는 겁니다. 이 과정에서 스스로 주도하는 방법, 시간을 쓰는 방법을 익힐 수 있습니다.

만약 게임 시간을 세 시간에서 두 시간으로 줄였다면 그 점을 칭찬해주세요. 물론 두 시간도 짧은 시간은 아니지만, 우선 줄었다는 긍정적인 부분과 계획을 세우고 지키려고 한 아이의 노력을 인정해주어야 합니다. '우리 아이는 마음만 먹으면 할 수 있는 아이'라고 생각하고 대하면 아이는 스스로를 믿기 시작합니다. 결단을 내리고 행동으로 옮기고자 할 때 '나는 한다면 하는 아이'라고 스스로를 믿고 어떤 일이든 자신감 있게 실행합니다. 게임을 한 시간이나 줄였지만 부모가 '하루에 두 시간이나 시간을 허비하며 게임만 한다'고 바라본다면 아이는 아마 계획을 전부 집어치울지도 모릅니다.

게임을 하는 시간도 생각해볼 수 있습니다. 하교 후 할 일들을 먼저 끝낸 뒤에 게임하는 것과, 게임부터 한 다음에 할 일을 하는 것 중에 어떤 쪽이 더 마음이 편한지 생각해보게 해주세요. 아이가 마냥 아무 생각 없어 보이겠지만, 숙제를 미루고 게임을 하면 분명 불편해하고 있을 겁니다. 그러니 단 5분이라도 숙제를 먼저 마무리한 뒤에 게임을 하면 더 마음이 편하다는 걸 경험하게 해주세요.

그리고 남은 한 시간을 어떻게 재미있게 보낼지 아이와 함께 대화를 나눠봅니다. 그 시간을 꼭 공부하는 데 쓰지 않아도 됩니다. 게임뿐 아니라 세상에 재미있는 일이 많다는 것을 알려주는 겁니다. 아이가 앞으로 하고 싶은 일, 배우고 싶은 것을 배울 수 있도록 도와주는 거예요.

아이의 관심사를 이미 먼저 열심히 해나가는 친구들과 어떻게 교류하도록 도울지 찾아봅니다.

가능하다면 학습 데이터를 보면서 멘토링하는 것도 좋습니다. 온라인 학습에서 제공하는 학습 관련 데이터를 아이와 함께 보면서 공부에 대해 같이 점검해보는 것입니다. 어떤 부분에 아직 이해가 모자란지 어떤 점을 훌륭하게 학습해냈는지 이야기해봅니다. 이를 통해 아이는 스스로 어떻게 학습을 보완하고 더 깊이 나아갈지 간접적으로 배울 수 있습니다.

SNS를 긍정적으로 활용하는 방법

/

SNS에는 신중하게 접근해야 합니다. 한 연구 결과에 따르면 SNS 사용이 아이들의 우울증과 자살 충동을 높인다고 합니다. 어른들 역시 SNS 때문에 자존감이 낮아지는 경험을 종종 겪습니다. 아이가 충분히 자신의 관심사를 인지하고 스스로를 이해하며, 무엇이 필요하고 필요하지 않은지 판단하기 시작한 시점부터 차근차근 접하면 가장 좋겠지만, 요즘 아이들의 주요 소통 창구가 DM 또는 SNS 메시지인 점을 보면 무작정 SNS를 통제하기란 쉽지 않아 보입니다.

아이가 SNS를 시작하기 전에 미리 이야기 나누는 것이 도움이 됩니다. SNS는 그저 무언가를 자랑하고 좋아요와 댓글을 받고 인기를 과시하기 위한 용도가 아니라는 점을 알려주세요. 서로의 관심사나 도움이 될 만한 경험을 나누고, 자신의 성과를 포트폴리오처럼 쌓는 방식으로 활용하면 더욱 좋습니다.

최근 초등학생부터 고등학생에 이르기까지 각종 SNS 서비스에서 공부 인증하는 것이 유행입니다. 사회적 거리두기로 인해 서로 어떻게 공부하는지 알 수 없는데, 유튜브나 페이스북, 인스타그램에 공부를 인증하며 동기를 부여하고 응원을 받기도 합니다. 아이와 열흘 동안 일정 범위 학습에 도전하는 10일 챌린지나 SNS 공부 인증 챌린지, 좋은 책을 함께 읽는 완독 챌린지나 부모가 함께 새벽 일찍 일어나 공부를 하는 미라클모닝 챌린지에 참여해서 아이의 의지를 북돋워주는 것도 좋습니다.

만약 온라인 수업으로 학생들끼리 얼굴을 보기 어려운 상황이라면 SNS로 아이가 관계를 이어나갈 수 있도록 도와주세요. 초등학교 5학년 이상이라면 서로 어떤 공부를 하는지 SNS에 올려보기도 하고, 친구들이 어떻게 지내는지 살펴볼 수 있도록 도와줍니다. 나아가 아이의 관심 분야에서 활동하는 친구들을 찾아보고 그들과 건강하게 관계를 맺는 방법을 먼저 알려주시기 바랍니다. 해당 분야의 콘텐츠를 어떻게 만들어가고, 어떤 생각을 하며 어떻게 일하는지 살펴보고 교류할 수 있습니다.

이는 혼자 해나갈 때보다 훨씬 더 강력한 동기를 만들어주기도 합니다. 그러기 위해서는 좋은 영향력을 끼치는 사람을 팔로우해야 합니다. 이렇게 긍정적인 방향으로 SNS을 활용할 수 있으니, 온라인에서 건강하게 관계를 만들어가게끔 그 방향성을 미리 생각해보도록 알려주는 것이 중요합니다.

맞벌이 부부의 온라인 학습 관리법

맞벌이 부부일 경우에는 참 고민이 많습니다. 집에서 아이와 시간을 함께 보내는 주양육자가 있다면 1:1로 자리 잡고 온라인 학습을 도울 수 있지만 맞벌이 부부일 경우에는 아예 시간도 여건도 허락되지 않습니다. 하지만 아이 스스로 자기주도 학습을 더 잘 익혀볼 기회라고 생각할 수도 있습니다. 어떻게 하면 감시하지 않아도 스스로 찾아서 하는 아이로 성장시킬지 고민해보아야 합니다.

온라인 학습은 혼자서 진행해야 하기에 마음의 안정이 필수입니다. 온라인 학습 전에 아이가 즐겁게 시작할 수 있도록 지원해주세요. 부모가 온종일 함께하지는 못하지만 세심하게 자신을 보살피고 있다고 느끼는 것이 중요합니다. 아이를 위해 원격 수업을 진행하는 컴퓨터 모니터 위에 짧은 메모를 남기거나, 간식을 챙겨두는 것도 좋은 방법입니다. 함께 있어주지 못하지만 늘 최우선으로 신경쓰고 있는 마음을 아이에게 표현해주시면 됩니다. 그리고 저녁에 아이 얼굴을 마주했을 때 학교 소식이나 선생님이 안내해준 사항을 함께 나누며 부모가 아이의 학습에 세심하게 관심을 가지고 있다는 것을 표현해주시기 바랍니다. 교사의 작은 칭찬도 잊지 않고 말해줍니다. 원격 수업을 스스로 잘해내고 있는 아이에게 기특하다고 표현해주세요. 그리고 공부하는 데 어려운 점은 없는지, 잘 이해가 가지 않는 부분은 없었는지 물어보세요. 이런 질문을 계속 받는다면 아이는 스스로 자신의 공부를 한 발자국 떨어져 생각해보는 메타인지를 기를 수 있습니다.

앞서 말씀드린 바와 같이 온라인 학습에서 가장 중요한 것은 아이가 학습 동기를 유지하도록 돕는 것과 동기가 떨어졌을 때 도와주는 일입니다. 여기에 아이가 한 발자국 떨어져 스스로 학습에 대해 생각해보도록 질문을 던져주는 것이 중요합니다. 이 정도라면 옆에 붙어서 일일이 학습에 관여하지 않아도, 맞벌이 부부여도 충분히 시도해볼 수 있습니다.

에필로그

우리 세대의
공부를 돌아보다

지금까지 변화하는 교육의 미래와 온라인 학습의 원리와 활용 방법을 살펴보았습니다. 온라인 학습에 대해 알면 알수록 마음이 급해집니다. 하지만 서두를 필요는 없습니다. 온라인 학습을 제대로 활용하기 위한 땔감을 마련하는 게 우선입니다.

온라인 학습에서는 아이들 개개인의 재능과 동기, 그리고 경험을 중심에 두어야 한다는 점에 대해 이야기했습니다. 그만큼 스스로를 알아차리고 경험하는 것이 중요합니다. 충분히 준비되지 않은 상태에서 온라인 학습을 한다면 반드시 성인의 도움이 필요합니다.

반면 아이가 온라인으로 학교 공부가 아닌 다른 무엇인가를 검색하고 살펴본다고 해서 무조건 나쁘다고 생각하지 말아야 합니다. 스마트폰과 컴퓨터에 빠져 사는 아이에게 초점을 두는 것이 아니라, 검색하는 종류와 관심사를 눈여겨보아야 합니다. 앞서 살펴본 바와 같이 각각의 아이들마다 다른 재능과 지능이 있습니다.

각자의 속도를 존중해주세요. 공부의 추월차선이라 하면 속도가 핵심인 듯하지만 그렇지 않습니다. 방향이 핵심입니다. 방향을 제대로 설정한다면 느려도 목표에 도달할 수 있습니다. 꼬불꼬불한 길을 빠른 속도로 돌고 돌아 도달하는 것과 직선 길을 느리게 가는 것 가운데 어느 쪽이 더 빠른지 생각해보면 좋겠습니다. 아이가 관심 분야를 찾는 데에 시간이 오래 걸리고, 관심사가 자꾸 바뀐다고 하더라도 인내심 있게 아이를 기다려주시기 바랍니다.

지금까지 아이가 학교교육 외에도 온라인 학습으로 어떻게 공부할 수 있는지 살펴보았습니다. 아마 공부에 대한 정의를 '학교 공부'에 한하면 이 책이 말하는 방향성에 의구심을 품을 수 있을 것입니다. 학교는 우리가 겪는 여러 경험 중에 하나이지, 전부는 아닙니다. 학교가 곧 우리의 삶은 아니라는 생각이 요즘 더 보편화되고 있다는 것을 교육 관계자들과 학부모님들과 이야기를 나누면서 느낍니다.

아이들이 배우고 싶은 것을 선택하는 재미를 꼭 경험했으면 좋겠습니다. 다행스럽게도 이제는 언제 어디서든 저렴하고 쉽게 배우는 게 가능해졌습니다. 온라인을 활용한다면 유익한 전 세계 강의들을 수준별로 찾아볼 수 있고, 더불어 나와 관심사가 비슷한 사람들과 연결될 수 있기 때문입니다. 이는 신나는 과정입니다.

이 경험은 진짜 공부가 무엇인지 알려줍니다. 공부하는 과정 자체가 하기 싫은 것을 억지로 참아야만 하는 고통이 아니라 즐거움이 될 수 있으며, 내가 배우고 싶은 분야에서 나아가는 하나의 방법이라는 점을 알게 됩니다. 왜 공부하는지 안다면 그때부터 공부는 자연스럽게 재미있어질 겁니다. 물론 때때로 두려움과 불안 앞에서 위축되고 정신적인 고통도 겪을 겁니다. 하지만 작은 도전과 실패와 성공의 경험이 계속해서 나아갈 수 있는 마음의 근육을 만들어주고, 공부가 성장에 도움이 된다는 강력한 믿음을 심어줍니다.

공고하던 각 분야의 영역들이 느슨해지고, 성공의 공식이 조금씩 달라지고 있습니다. 그리고 삶에서 가치와 의미를 찾고자 하는 바람이 커지고 있습니다. 최근 자신의 꿈을 좇으며 나름의 비즈니스 모델을 창출해내는 인재들이 많습니다. 30세에 어렵게 취업한 직장을 그만두고 창업하는 청년들, 9급 공무원으로서 일과 삶을 조화롭게 살고자 하는 청년들, 학벌에 얽매이지 않고 도전해 수십억을 벌어들이는 벤처 사업가, 광고 제작자, 전공과 무관하게 새로운 분야에 뛰어들어 제2의 삶을 준비하는 사람들, 수많은 유튜버들. 모두 삶의 의미와 가치, 방향성을 토대로 자신의 삶을 개척하는 인재들입니다.

이들이 때로는 불안정해 보이고, 때로는 '왜 저렇게 정답에서 어긋난 길을 걸어갈까'라는 시각으로 바라보는 분들도 있을 겁니다. 하지만 많은 전문가들이 곧 대부분의 일자리가 프리랜서화되고, 기업은 유연하게 인재를 활용하며, 다양한 분야의 컬레버레이션이 확장될 것이라 예측합니다. 자유자재로 변화하며 융합할 수 있는 이들이 오히려 성공가도를 달릴 것입니다.

부모 세대와 달리 우리 아이들 대다수는 처음부터 안정적인 환경에서 태어나 자랐습니다. 이들은 스스로의 행복을 최우선으로 여기고 자신의 가치와 의미를 좇습니다. 그리고 아이들이 살아갈 사회는 인공지능 기술의 발달로 많은 일자리가 대체되고, 인간적인 면모에 대한 수요가 늘어납니다. 공감력, 소통력, 문제 해결 능력, 창의력 등이 중요해집니다.

아이가 의사, 아니면 변호사, 과학자가 되길 원하시나요? 저도 저희 아이가 공부를 잘했으면 좋겠습니다. 만약 공부를 잘하지 못한다면 실망할지도 모르겠습니다. 하지만 이보다 더 무서운 것은 의욕이 없는 상태가 되는 겁니다. 영혼 없는 좀비처럼 멍하니 책상 혹은 컴퓨터 앞에 앉아 시간을 때우는 아이를 보는 게 가장 힘들 겁니다.

아이들은 자신들의 방식대로 배우기 위해 이 세상에 태어났습니다. 아이에게 만족하고, 아이의 온전하고 고유한 개인성을 인정하며, 스스로 경험하면서 실력을 쌓아가도록 돕는 것. 그 안에서 미래 교육의 방향을 찾아보시면 좋겠습니다.

아이들이 사소한 것부터 큰 것까지 도전해보고 실패하는 경험을 쌓도록 도우며, 부딪쳐 나가는 과정에서 즐거움을 만날 수 있도록 이끌어주시기 바랍니다. 이 세상 아이들이 공부로 행복했으면 하는 진심을 담아 이 글을 썼습니다. 아이의 미래를 책임지고 성장시키는 특별한 어른들, 바로 교사와 부모를 위한 글입니다. 아이들에게 가장 영향력 있는 존재는 이 글을 읽는 당신이기 때문입니다.

2025
미래 교육 대전환

초판 1쇄 발행 2022년 4월 5일
초판 5쇄 발행 2023년 3월 3일

지은이 · 김보배
발행인 · 이종원
발행처 · (주)도서출판 길벗
출판사 등록일 · 1990년 12월 24일
주소 · 서울시 마포구 월드컵로 10길 56(서교동)
대표 전화 · 02)332-0931 | 팩스 · 02)323-0586
홈페이지 · www.gilbut.co.kr | 이메일 · gilbut@gilbut.co.kr

기획 및 책임편집 · 황지영(jyhwang@gilbut.co.kr) | 제작 · 이준호, 손일순, 이진혁, 김우식
마케팅 · 이수미 장봉석 최소영 | 영업관리 · 김명자, 심선숙, 정경화 | 독자지원 · 윤정아, 최희창

디자인 · 정윤경 | 교정교열 · 이지은 | 인쇄 · 천일문화사 | 제본 · 신정제본

ISBN 979-11-6521-920-8 03370
(길벗 도서번호 050165)

독자의 1초를 아껴주는 정성 길벗출판사

길벗 | IT실용서, IT/일반 수험서, IT전문서, 경제실용서, 취미실용서, 자녀교육서
더퀘스트 | 인문교양서, 비즈니스서
길벗이지톡 | 어학단행본, 어학수험서
길벗스쿨 | 국어학습서, 수학학습서, 유아학습서, 어학학습서, 어린이교양서, 교과서